Comme Des Grands

ISBN : 978 1 67 183297 8

Aurélie Mantault

Comme Des Grands

Diversification Menée par l'Enfant

À tous les Petits,
Qui mangeront bientôt
Comme Des Grands

Préface

Depuis quelques années, la Diversification Menée par l'Enfant est en plein essor. De plus en plus de parents se tournent vers cette méthode physiologique, qui redonne à l'enfant sa place d'acteur principal dans sa diversification alimentaire.

Quoi de plus beau, que de voir son bébé prendre du plaisir à participer aux repas familiaux ? La DME est une merveilleuse aventure, ponctuée d'éveil des sens et de découvertes gustatives !

En DME, on oublie les purées ! Cette méthode est basée sur le principe qu'à partir de 6 mois, un bébé a les capacités naturelles pour manger des aliments en morceaux et en toute autonomie. La Diversification Menée par l'Enfant, va éveiller sa curiosité en lui faisant découvrir de multiples textures, odeurs, couleurs, goûts, ... En plus de favoriser les acquis moteurs, ces différentes stimulations vont l'aider à prendre conscience de l'importance d'avoir une alimentation variée, équilibrée et de qualité.

Ce guide, composé de multiples articles « Questions/Réponses », est né d'une volonté de sécuriser les pratiques et de participer à l'émergence de la DME. Il est le fruit de deux ans de recherches, d'essais de présentations d'aliments et d'une pratique de la DME de façon personnelle avec mes deux filles.

Avec ce guide, vous allez découvrir toutes les notions à connaître, pour vivre de façon sereine cette aventure.

Belle diversification !

Avertissement

Ce livre se veut informatif et est à utiliser en complément des informations transmises par l'OMS [1], l'HAS [2], l'INPES [3], Santé Canada[4],...

L'information contenue dans cet ouvrage est fournie uniquement à des fins éducatives.

Certaines situations sont inadaptées à la pratique de cette méthode (prématurité, troubles ORL [5], ...). N'oubliez pas de demander l'avis d'un professionnel de la Santé, avant de vous lancer dans la Diversification Menée par l'Enfant.

L'auteur décline toutes responsabilités, en cas de mauvaise utilisation des informations présentes dans cet ouvrage.

Ce livre est la propriété exclusive de l'auteur. Il ne pourra être utilisé qu'à un usage personnel. Il ne peut être ni revendu ni diffusé.

---

[1] Organisation Mondiale de la Santé

[2] Haute Autorité de Santé

[3] Institut National de Prévention et d'Éducation pour la Santé

[4] Ministère de la Santé du Canada

[5] Troubles pouvant toucher les oreilles, le nez ou encore et larynx

Table des matières

Préface 7

Avertissement 8

Table des matières 9

Partie n°1 : L'Alimentation de 0 à 12 mois 13

Le lait et les laitages 14

L'âge du début de diversification 18

L'eau lors des repas 20

Prévenir les risques de carences en fer 22

Les Protéines 26

Les Allergènes Prioritaires 29

Réactions allergiques 31

Miel, Sucre, Sel et Chocolat 33

La prise de poids 35

Le transit 38

Partie n°2 : Diversifier son Bébé Autrement 41

La Diversification Menée par l'Enfant 42

Contre-indications 45

Les pré-requis pour pratiquer la DME 47

Partie n°3 : La Sécurité Avant Tout ! 49

Notions de sécurité en DME 50

Gag Reflex ou Réflexe Nauséeux 52

La Fausse Route 54

L'Étouffement 55

Partie n°4 : La DME en Pratique ! 59
Quel matériel choisir pour la pratique de la DME ? 60
Les cuillères pré-remplies, gourdes et transporteurs 62
DME et modes de gardes 66
Allaitement et DME 68
Le repas 71
La gestion des quantités alimentaires 75
Les « stops alimentaires » 77
Les différentes étapes en DME 81
L'étape d'observation 83
L'étape de la découverte 84
L'Étape du développement de la motricité fine 88
L'étape du perfectionnement 89
Textures lisses et soupes 90
La mastication 93
Prévention de l'anémie en DME 95
Comment proposer les protéines en DME ? 96
Idées d'introduction des Allergènes Prioritaires 98
Repas et Trajets Voiture 107
Fortes chaleurs 108

Partie n°5 : Présentation Des Aliments 111

Partie n°6 : Recettes pour Bébés en DME 137
Biscuits Moelleux Banane - Coco 138
Biscuits Moelleux Compote de Pomme 139
Boules d'Énergie Avoine et Banane 140
Cakes Amandes, Banane et Pommes 141
Flans de Betteraves 142

Galettes Lentilles et Carottes 143
Gâteau au Citron 144
Gâteaux Compote de Pommes et Amandes 145
Gâteaux de Semoule et Courgettes 146
Glaces Coco et Fraises 147
Glaces Pastèque et Yaourt Vanille 148
Glaces Pêche, Abricot et Beurre de Cacahuètes 149
Houmous de Betteraves 150
Mini Cakes au Poireau 151
Muffins Épinards et Mozzarella 152
Muffins Pesto Rosso 153
Muffins Pomme de Terre et Herbes de Provence 154
Nuggets de Poulet 155
Œufs Cocotte Épinards Et Thon 156
Pain de Thon et Aubergine 157
Pain de Viande 158
Pancakes Avoine, Orange et Pomme 159
Pancakes Poivron et Tomate 160
Pancakes Pomme de Terre 161
Petits Pains Aux Épices 162
Petits Moelleux à la Compote de Poire 163
Tartinade de Chou Rouge et Concombre 164
Tartinade de Céleri 165

Bibliographie **166**
Remerciements **171**

Partie n°1

L'Alimentation

de 0 à 12 mois

« Lorsque l'on est parent, l'alimentation de notre bébé est l'une de nos principales préoccupations. Cela est encore plus vrai lors de sa première année.

Dans cette partie, vous trouverez des réponses aux questions concernant : le lait dans l'alimentation de votre bébé, l'âge de la diversification, les risques d'anémie, les allergènes, … ».

Le lait et les laitages

Quel lait proposer à un bébé de moins de 6 mois ?

De 0 à 6 mois :

- Lait maternel
- Lait premier âge classique
- Lait premier âge végétal

Comment proposer le lait à un bébé de moins de 6 mois ?

- **Pour un bébé allaité :** Le lait maternel peut être proposé au sein, dans un contenant, en glace de lait maternel (à partir de 4 mois) ou en flan de lait maternel (ils peuvent être donnés à la cuillère si vous ne souhaitez pas pratiquer la DME).

- **Pour un bébé au lait infantile :** Seul le format liquide proposé dans un contenant peut lui être offert.

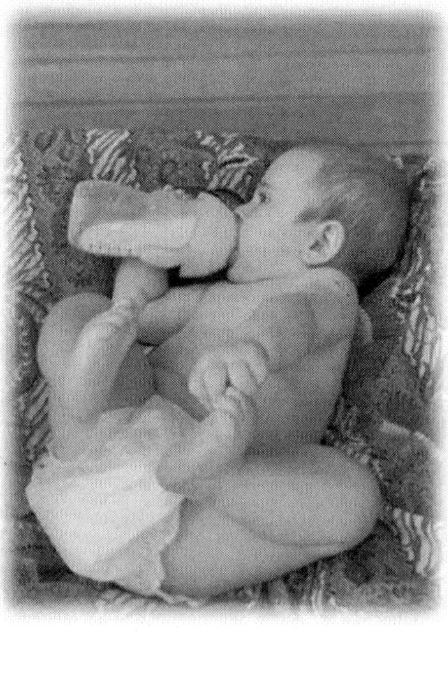

Quel lait proposer de 6 mois au sevrage[6] et en quelle quantité ?

De 6 à 9 mois :

- Lait maternel : **A la demande**
- Autres types de lait : **750 à 1080 ml/jour**
  - Lait premier âge classique ou deuxième âge classique (si sa teneur en fer est plus intéressante)
  - Lait premier âge végétal ou deuxième âge végétal (si sa teneur en fer est plus intéressante).

De 9 à 12 mois :

- Lait maternel : **A la demande**
- Autres sources de lait : **720 à 960 ml/jour**
  - Lait premier âge classique ou deuxième âge classique (si sa teneur en fer est plus intéressante)
  - Lait premier âge végétal ou deuxième âge végétal (si sa teneur en fer est plus intéressante).

De 12 à 24 mois[7] :

- Lait maternel : **A la demande**
- Autres sources de lait : **500 à 750 ml**
  - Lait entier ou lait de croissance

6

- SANTE CANADA, « La nutrition du nourrisson né à terme et en santé : Recommandations pour l'enfant âgé de 6 à 24 mois », dans *Gouvernement du Canada*, [En Ligne], https://www.canada.ca/fr/sante-canada/services/guide-alimentaire-canadien/ressources/nutrition-nourrisson/nutrition-nourrisson-terme-sante-recommandations-naissance-six-mois/6-24-mois.html#a7
- MINISTERE DES SOLIDARITES ET DE LA SANTE, « La Petite Enfance (De la naissance à 3 ans) », dans *Ministère des Solidarités et de la Santé*, [En Ligne], https://solidarites-sante.gouv.fr/IMG/pdf/nais_3ans.pdf
- « Rourke Baby Record », [En Ligne], www.rourkebabyrecord.ca

7 « Manger et bouger entre 12 et 36 mois », dans Sante.lu, [En Ligne], http://sante.public.lu/fr/publications/m/manger-bouger-12-36-mois-fr-de/manger-bouger-12-36-mois-fr.pdf

De 2 ans au sevrage :

- Lait maternel : **A la demande**
- Autres sources de lait : **500 ml max/jour**
  - Lait demi-écrémé
  - Lait végétal
  - Lait de croissance

Doit-on réduire les quantités de lait lors de la diversification ?

Le lait durant la diversification, reste essentiel au bon développement de votre bébé. Il ne faut en aucun cas réduire les tétées/biberons si ce n'est pas à sa demande[8].

Pour indication, entre 6 et 8 mois, les aliments solides couvrent 1/5 des besoins énergétiques de votre bébé. Entre 9 et 11 mois, ils couvrent un peu moins de la moitié des besoins énergétiques totaux[9]. C'est pour cette raison, qu'à cet âge votre bébé va de lui-même commencer à réduire ses besoins en lait.

L'important est de suivre votre bébé et non pas d'imposer une réduction de lait qui ne lui conviendrait pas.

* * * * * * * *

---

8 Gill RAPLEY, « Breastmilk or solids? Weighing up the issues », dans *Rapley Weaning*, [En Ligne], http://www.rapleyweaning.com/assets/Breastmilk_vs_solids.pdf

9

- Organisation Mondiale de la Santé, 2009 et Organisation Panaméricaine de la Santé, 2003
- Isabelle GRAULICH, « La Diversification Alimentaire chez l'Enfant Allaité », dans *Clinique St Pierre Ottignies, [En Ligne],* www.cspo.be/sites/default/files/DDI/Documents/03_La%20Diversification%20Alimentaire%20%20chez%20l%E2%80%99Enfant%20Allait%C3%A9.pdf

Doit-on remplacer la tétée/biberon par un yaourt ?

Lorsque la diversification débute, on entend souvent les pédiatres dire aux jeunes parents de remplacer le biberon ou la tétée par un laitage. Malheureusement, ce conseil n'est pas des plus adapté pour votre bébé[10]. En effet, lorsque l'on compare la composition d'un yaourt avec celle du lait, on observe que le lait a un bien meilleur apport nutritionnel.

En partant de ce constat, on ne remplace jamais cet apport par un laitage tant que bébé réclame le sein ou le biberon.

Quels yaourts choisir ?

Idéalement on favorise des yaourts au lait entier, réduits en sucre. On évite fortement les rayons yaourts bébés, qui contiennent d'importantes quantités de sucre dans leurs produits.

---

10 Isabelle GRAULICH, « La Diversification Alimentaire chez l'Enfant Allaité », dans *Clinique St Pierre Ottignies,* [En Ligne], www.cspo.be/sites/default/files/DDI/Documents/03_La%20Diversification%20Alimentaire%20%20chez%20l%E2%80%99Enfant%20Allait%C3%A9.pdf

L'âge du début de diversification

Aujourd'hui l'OMS ainsi que de nombreuses institutions, recommandent un début de diversification autour de 6 mois[11]. Si l'on vous demande de débuter avant cet âge pour des raisons d'exposition aux allergènes, sachez que leur introduction précoce (avant 6 mois), ne doit être réalisée que pour les bébés ayant un important terrain allergique familial et sur l'avis d'un allergologue. Pour les autres, veillez à favoriser un allaitement exclusif jusqu'à 6 mois, et ce, quelque soit le choix de la diversification.

Pourquoi attendre que bébé ait 6 mois pour le diversifier[12] ?

- La maturité digestive n'est pas encore bien en place. Diversifier trop tôt peu déclencher un fort inconfort digestif.
- Surcharge en nutriments sur le plan rénal.
- Tonus et acquisitions motrices ne sont pas encore totalement acquis.

11

- OMS, « Alimentation du nourrisson et du jeune enfant », dans *Organisation Mondiale de la Santé*, [En Ligne], https://www.who.int/fr/news-room/fact-sheets/detail/infant-and-young-child-feeding
- SOCIETE FRANCAISE DE PEDIATRIE, « Diversification alimentaire : évolution des concepts et recommandations », dans *ScienceDirect*, [En Ligne], http://www.sfpediatrie.com/sites/default/files/recommandations/cnsfp-editorial-diversification-alimentaire-archpediatr-2015-2.pdf
- PNNS, « Qu'est-ce que la Diversification », dans *Manger Bouger Programme National Nutrition Santé*, [En Ligne], https://www.mangerbouger.fr/Manger-Mieux/Manger-mieux-a-tout-age/Enfants/De-6-mois-a-3-ans/Qu-est-ce-que-la-diversification

12

- Isabelle GRAULICH, « La Diversification Alimentaire chez l'Enfant Allaité », dans *Clinique St Pierre Ottignies, [En Ligne]*, www.cspo.be/sites/default/files/DDI/Documents/03_La%20Diversification%20Alimentaire%20%20chez%20l%E2%80%99Enfant%20Allait%C3%A9.pdf
- MINISTERE DES SOLIDARITES ET DE LA SANTE, « La Petite Enfance (De la naissance à 3 ans) », dans *Ministère des Solidarités et de la Santé*, [En Ligne], https://solidarites-sante.gouv.fr/IMG/pdf/nais_3ans.pdf

Mon bébé est très intéressé, est-ce que cela signifie qu'il est prêt ?

Votre bébé de moins de 6 mois essaie d'attraper les aliments présents dans votre assiette, semble très intéressé par le repas, ... Vous le sentez prêt et pourtant ce n'est pas encore le cas.

Il existe une grande différence entre : être prêt à faire quelque chose et en avoir envie. Pour illustrer mon propos : Laisseriez-vous les clés de votre voiture à un enfant de 8 ans, sous prétexte qu'il a très envie de conduire votre voiture ?

Pour votre bébé c'est la même chose. Encore quelques semaines de patience et vous lui permettrez un début de diversification en sécurité.

Que donner à bébé pour le faire patienter jusqu'à ses 6 mois ?

- Glaces de lait maternel autogérées[13] (à partir de 4 mois).
- Jeux fruits/légumes disposés sur le plateau de la chaise de votre bébé.
- Couverts bébé, disposés sur le plateau ou la table.
- Jeux bébé disposés sur le plateau ou la table.

[13] Que bébé porte seul à sa bouche et mange sans aide.

L'eau lors des repas

Bébé allaité et en diversification : Doit-on lui proposer de l'eau ?

Une fois la diversification débutée, vous pouvez continuer à proposer le sein à volonté et donner de l'eau lors des repas. Vous pouvez également lui en donner lors des périodes de fortes chaleurs. Veillez cependant à proposer la tétée avant toute proposition d'eau, lorsqu'elle a lieu en dehors des temps de repas.

Bébé nourri au lait infantile et en diversification : Doit-on lui proposer de l'eau ?

Vous pouvez lui proposer de l'eau à la demande tout au long de la journée.

Pourquoi donner de l'eau à un bébé ayant débuté sa diversification ?

L'eau fait partie intégrante de la diversification de bébé. Lorsque votre enfant débute, il est important de lui proposer de l'eau pour plusieurs raisons :

- Elle permet de rincer correctement sa bouche.
- Elle aide à avaler des aliments qui peuvent sembler secs.
- Elle joue un rôle important dans le transit. Elle aide à prévenir la constipation.
- Elle hydrate votre bébé.

Comment proposer l'eau[14] ?

- **Si bébé est allaité :** L'eau peut être proposée, en utilisant un gobelet bébé ou mieux encore, avec un verre à shooter.

- **Si bébé n'est pas allaité :** L'eau peut être proposée en utilisant un verre 360°, un gobelet bébé, un verre paille ou encore un verre à shooter.

Si vous utilisez un verre, ou un gobelet, il est autorisé en DME d'aider votre bébé, en accompagnant le mouvement.

Petite astuce : Vous pouvez favoriser l'apprentissage du gobelet lorsque vous donnez le bain à votre bébé. Cela évitera les dégâts.

---

14 SANTE CANADA, « La nutrition du nourrisson né à terme et en santé : Recommandations pour l'enfant âgé de 6 à 24 mois », dans *Gouvernement du Canada*, [En Ligne], https://www.canada.ca/fr/sante-canada/services/guide-alimentaire-canadien/ressources/nutrition-nourrisson/nutrition-nourrisson-terme-sante-recommandations-naissance-six-mois/6-24-mois.html#a7

Prévenir les risques de carences en fer

Qu'est ce que l'anémie ?

De façon générale, l'anémie provoque une diminution du taux de globules rouges dans le sang. De ce fait, il y aura moins de globules rouges pour transporter l'oxygène vers tous les organes du corps.

Il existe plusieurs formes d'anémies, mais celle qui inquiète les parents est : l'anémie ferriprive. Cette dernière survient lorsque bébé a une carence en fer. L'anémie peut être dépistée chez tous les bébés, et ce, quelque soit la méthode de diversification.

Comment la dépister ?

Il est difficile de dépister une anémie ferriprive, car les symptômes peuvent être apparentés à bien d'autres problèmes médicaux. De plus, chez certains bébés, les symptômes sont difficiles à déceler. N'oubliez pas, que seul un contrôle sanguin peut confirmer ou non le diagnostic.

Voici une liste de symptômes pouvant être observés :

- Une fatigue anormale
- Un teint pâle
- Un pouls rapide
- Un essoufflement plus prononcé dans les activités
- Les mains et les pieds froids
- Un ralentissement dans le développement
- Un désintérêt complet pour l'alimentation, alors qu'avant bébé avait un bon appétit. Cet évènement est bien entendu à dissocier d'une poussée dentaire ou autre état de maladie.

A partir de quand le stock en fer diminue ?

Afin de limiter les risques de carences et ce, que bébé soit allaité ou au lait infantile, l'OMS recommande une introduction des solides à partir de 6 mois[15]. Bien entendu, la diminution de la quantité de fer dans l'organisme ne va pas se mettre en place du jour au lendemain. Pour autant, il faut veiller à proposer des aliments riches en fer à votre bébé dès les premiers repas.

A quelle fréquence donner des aliments riches en fer ?

Pour prévenir la survenue d'une anémie, il est intéressant de proposer deux sources de fer par jour, dès le début de la diversification. Bien évidemment, au départ votre bébé mangera peu ou pas. Pour autant, il ne faut pas s'inquiéter, car l'anémie ne survient pas dès le lendemain du début de la diversification.

15

- OMS, « Alimentation du nourrisson et du jeune enfant », dans *Organisation Mondiale de la Santé*, [En Ligne], https://www.who.int/fr/news-room/fact-sheets/detail/infant-and-young-child-feeding
- Isabelle GRAULICH, « La Diversification Alimentaire chez l'Enfant Allaité », dans *Clinique St Pierre Ottignies, [En Ligne]*, www.cspo.be/sites/default/files/DDI/Documents/03_La%20Diversification%20Alimentaire%20%20chez%20l%E2%80%99Enfant%20Allait%C3%A9.pdf
- Gill RAPLEY, « How early is too early to start introducing solid foods?», dans *Rapley Weaning*, [En Ligne], http://www.rapleyweaning.com/assets/How_early_is_too_early.pdf

Les céréales infantiles ont-elles un intérêt nutritionnel ?

Tout va dépendre de l'endroit où vous vivez. En effet, selon les pays, la qualité des céréales infantiles sera bien différente.

- **En France ou dans un autre pays européen :** Les céréales infantiles sont majoritairement à éviter. Pourquoi ? Elles sont riches en sucre et pauvres en fer. Regardez bien les compositions nutritionnelles, avant d'en proposer à votre bébé.

- **Au Canada :** Vous pouvez plus facilement en trouver de bonne qualité pour votre bébé. Regardez également les étiquettes, pour être sûre de la composition de vos céréales infantiles.

A partir de quel âge en proposer ?

Contrairement à ce que l'on entend souvent, les céréales infantiles ne peuvent pas être intégrées avant 6 mois[16]. En effet, en proposer à votre bébé, c'est déjà débuter sa diversification.

Quelles alternatives pour les pays où les céréales infantiles ne sont pas de bonnes compositions ?

Pour avoir la garantie d'utiliser des céréales riches en fer et pauvres en sucre, on privilégie par exemple les flocons d'avoine. Pour les utiliser de façon sécuritaire, on les réduit en poudre et on les utilise dans l'alimentation de bébé.

---

16 Kathleen COUILLARD, « Céréales dans le biberon : pas une bonne idée », dans *Naître et Grandir*, [En Ligne], https://naitreetgrandir.com/blogue/2015/11/18/cereales-biberon-pas-bonne-idee/

A quoi sert la vitamine C dans la prévention de l'anémie ?

La vitamine C est indispensable à votre organisme, pour aider le métabolisme à absorber correctement le fer d'origine végétale. Sans cela, le fer que vous mangez n'est pas correctement assimilé par l'organisme. Quant-aux aliments provenant de sources animales, ils n'ont rien besoin de plus pour être correctement assimilés.

Quand la vitamine C doit-elle être proposée ?

Idéalement, on offre des aliments riches en vitamine C durant le même repas que ceux où le fer végétal est donné. Pour autant, cette association reste efficace même faite à distance, mais pas au delà d'une journée.

Dans quoi trouver de la vitamine C ?

- Poivron cru
- Cassis
- Persil et ciboulette
- Kiwi
- Fraise
- Agrumes : orange, pamplemousse, citron
- Mangue
- Brocoli

Les Protéines

A quoi servent les protéines ?

Les protéines sont des macronutriments essentiels à l'organisme. Elles contribuent à l'apport énergétique.

Voici leurs différentes actions :

- Permettre l'assimilation des molécules alimentaires (enzymes digestives).
- Participer au renouvellement des tissus musculaires, des cheveux, ongles, poils, de la matrice osseuse, de la peau,...
- Participer à la formation d'anticorps (immunité).
- Entrer dans la composition de l'hémoglobine et de certaines hormones.

Quels aliments en contiennent ?

- **Les protéines animales :** Viande, poisson, œufs, lait et produits laitiers.

- **Les protéines végétales :** Soja, amandes, graines de chanvre, beurre d'arachides, graines de citrouilles, noix, pois chiche, épeautre, quinoa, sarrasin, ...

Quelle différence entre protéines animales et protéines végétales ?

- **Les protéines animales** sont dites complètes, c'est-à-dire qu'elles possèdent tous les acides aminés[17] essentiels au bon fonctionnement de l'organisme.

- **Les protéines végétales**, quant à elles, ne contiennent pas tous les acides aminés en quantité suffisante, pour en faire des protéines complètes. Pour pallier à ce manque, il vous faut les associer à des produits céréaliers ou à des oléagineux. Seul le soja n'a pas besoin d'être complété.

Comment répartir les protéines ?

Voici des données indicatives pour vous guider dans la proposition des protéines pour votre bébé. Ces données sont bien évidemment à adapter, en fonction de vos choix alimentaires.

- **Viande :** Maximum 2 à 3 fois par semaine (Privilégiez les viandes les moins grasses).
- **Poissons :** En moyenne 2 fois par semaine.
- **Œuf :** Maximum 1 œuf par jour et à réduire si vos repas contiennent d'autres protéines animales.
- **Protéines végétales :** Consommation possible au quotidien. Les varier apportera de nombreux bénéfices à l'organisme.

Pour rappel, les aliments constituants l'accompagnement doivent être plus importants en quantité, que le sont les protéines. N'oubliez pas que les protéines doivent faire partie intégrante de l'alimentation de votre bébé. Pensez à les varier, afin de proposer une alimentation équilibrée et intéressante sur le plan nutritionnel.

---

17 Molécules qui entrent dans la composition des protéines grâce à leur assemblage, par des liaisons que l'on appelle peptidiques

Quelles sont les légumineuses ?

Dans cette catégorie on retrouve : les lentilles, les petits pois, les pois cassés, les fèves, les haricots rouges, les haricots blancs, les pois chiches.

A partir de quel âge peut-on en proposer ?

Aujourd'hui et selon les recommandations de l'OMS, les légumineuses peuvent être proposées dès les 6 mois de votre bébé. Du fait de leur apport en fer, elles sont le parfait allié de la diversification de votre bébé.

Les Allergènes Prioritaires

Combien y a t-il d'allergènes prioritaires en France ?

L'AFPRAL (Association Française pour la Prévention des Allergies), recense actuellement 14 allergènes prioritaires[18]. Cette liste prend en compte les allergènes provoquant le plus grand nombre d'allergies en France. Pour autant, d'autres aliments peuvent tout à fait déclencher une allergie.

Quels sont ces 14 allergènes ?

Les protéines de lait de vache, le blé, les crustacés, les poissons, les mollusques, l'œuf, les arachides, le soja, les fruits à coque, le céleri, la moutarde, le sésame, le lupin et les sulfites.

A partir de quel âge introduire les allergènes prioritaires ?

Les allergologues recommandent actuellement une introduction dès les 6 mois de votre bébé. Procéder ainsi, permet de réduire considérablement les risques allergiques[19].

---

18 AFPRAL, « Liste des 14 Allergènes Alimentaires Majeurs », dans Association Française pour la Prévention des Allergies, [En Ligne], https://allergies.afpral.fr/allergie/en-savoir-plus-sur-les-allergies/alimentaires/89-liste-des-14-allergenes-alimentaires-majeurs

19

- Stéphanie COTE, « L'introduction aux aliments complémentaires », dans *Naître et Grandir*, [En Ligne], https://naitreetgrandir.com/fr/etape/0_12_mois/alimentation/fiche.aspx?doc=naitre-grandir-bebe-introduction-aliment-solide-complementaire#_Toc268528416
- SANTE CANADA, « La nutrition du nourrisson né à terme et en santé : Recommandations pour l'enfant âgé de 6 à 24 mois », dans *Gouvernement du Canada*, [En Ligne], https://www.canada.ca/fr/sante-canada/services/guide-alimentaire-canadien/ressources/nutrition-nourrisson/nutrition-nourrisson-terme-sante-recommandations-naissance-six-mois/6-24-mois.html#a7

Doit-on introduire tous les aliments de chaque catégorie ?

Pour effectuer le test allergique, vous n'avez pas besoin de tester chaque aliment, hormis pour quatre catégories : les fruits à coque, les poissons, les crustacés et les mollusques. Pour ces quatre exceptions, il faudra veiller à tester chaque aliment. Par exemple, un test pour l'amande, un test pour les noix de pécan, etc, ...

Il a été constaté que l'on pouvait être allergique aux noix et pas aux amandes ou encore être allergique au saumon et très bien tolérer le thon. C'est pour cette raison que les aliments de ces catégories doivent tous être intégrés.

Quelle quantité bébé doit-il manger pour qu'un test soit considéré comme correct ?

Pour valider un test, votre bébé n'a pas besoin d'avoir avalé une grande quantité de l'allergène. L'équivalent d'une tête d'épingle est suffisant.

Pour les terrains allergiques importants, les allergies familiales ou pour tous renseignements face à une réaction allergique, n'oubliez pas de consulter un spécialiste.

Quand tester les allergènes ?

De façon générale, on évite leur introduction sur le repas du soir. En effet, il sera plus difficile de surveiller l'apparition d'une réaction allergique, lorsque bébé dort et commence sa nuit.

Réactions allergiques

Quels sont les signes d'une allergie ?

Une allergie alimentaire se déclenche dans les 48 heures après l'exposition à l'allergène.

On retrouve notamment des signes :

- **Cutanés :** Un gonflement des lèvres, du visage et des membres. Des démangeaisons, des éruptions cutanées, des rougeurs, ...
- **Digestifs :** Une gêne abdominale, de la diarrhée, des nausées, des vomissements ou des coliques. Si ce sont les seuls symptômes observés, il est peu probable que ce soit l'expression d'une allergie alimentaire.
- **Respiratoires :** Une respiration sifflante, une sensation de gonflement de la gorge, une difficulté à respirer, une sensation d'étouffement, ...

Dans le cas d'un choc anaphylactique[20], les symptômes doivent être très prononcés et toucher au moins deux systèmes (cutané, respiratoire, digestif, cardiovasculaire).

Qu'est-ce qu'une réaction douteuse ?

Une réaction douteuse peut se déclencher lorsque vous êtes en phase de test avec un nouvel allergène.

---

[20] Urgence médicale grave causée par une réaction allergique immédiate et généralisée. C'est une réaction rapide et violente (5 à 20 min).

Vous observez une réaction légère, pouvant vous faire penser à une réaction allergique. Dans la majorité des cas, elle se manifeste alors que bébé est en pleine poussée dentaire ou que sa peau est irritée par la salive. Cela peut également être une réaction à l'histamine. Dans le cas d'une réaction douteuse légère, vous pouvez continuer le test. Si la réaction se renouvelle et augmente en intensité, il vous faudra consulter.

Que faire en cas de réaction allergique

- **Dans le cadre d'une suspicion allergique, sans urgence vitale :** On consulte au plus tôt un médecin afin qu'il vous oriente vers un allergologue. Le but étant de confirmer rapidement l'allergie.

- **Dans le cadre d'une suspicion allergique avec urgence vitale :** On appelle le 15 et on consulte en urgence !

En cas de doute, n'hésitez pas à consulter un spécialiste afin d'établir un diagnostic fiable.

Allergie ou réaction à l'histamine ?

Contrairement à une allergie, une réaction simple à l'histamine est de courte intensité et s'estompe dans les 2 heures après exposition. Elle a pour particularité, de développer des plaques rouges au niveau des zones de contact entre l'aliment et la peau (joues, tour de la bouche, cou, mains, ...). Un simple nettoyage à l'eau claire estompe la réaction.

Miel, Sucre, Sel et Chocolat

Pourquoi sont-ils interdits ou à limiter ?

- **Le miel[21] :** Est interdit jusqu'à 1 an et ce sous toutes ses formes (cru, cuit, pasteurisé ou non). En effet, il peut être porteur du botulisme et provoquer une affection neurologique grave.

- **Le sucre ajouté :** Est à limiter le plus longtemps possible car il provoque une accoutumance, qui peut se manifester dès le plus jeune âge.

- **Le sel[22] :** Est à limiter le plus longtemps possible. La consommation de sel chez le tout-petit peut être à l'origine d'une surcharge au niveau rénal.

De quoi est composé le Chocolat ?

- **Chocolat blanc :** Beurre de cacao, sucre et poudre de lait avec des matières grasses lactiques.
- **Chocolat au lait :** Cacao (caféine), poudre de lait et matières grasses (Beurre de cacao et matière grasse de lait).
- **Chocolat noir :** Cacao (caféine), beurre de cacao, poudre de cacao sec dégraissé.

---

[21] OMS « Botulisme », dans *Organisation Mondiale de la Santé,* [En Ligne], https://www.who.int/fr/news-room/fact-sheets/detail/botulism

[22] Isabelle GRAULICH, « La Diversification Alimentaire chez l'Enfant Allaité », dans *Clinique St Pierre Ottignies, [En Ligne],* www.cspo.be/sites/default/files/DDI/Documents/03_La%20Diversification%20Alimentaire%20%20chez%20l%E2%80%99Enfant%20Allait%C3%A9.pdf

Quelles sont les conséquences de la consommation de chocolat pour votre bébé ?

La consommation de caféine et de sucre peut provoquer :

- Une sur-stimulation neurologique
- De l'irritabilité
- De l'anxiété
- Des troubles du sommeil avec une difficulté à l'endormissement
- Des maux de tête

A partir de quel âge donner du chocolat à nos enfants ?

Vous ne le savez peut être pas, mais Santé Canada recommande d'éviter la consommation de chocolat jusqu'à l'âge de 4 ans[23]. En effet, sa teneur en caféine, en sucre et en gras en fait un aliment inadapté pour nos bébés. Mieux vaut donc attendre cet âge avant d'en offrir à votre Petit Bout !

---

[23] SANTE CANADA, « La caféine dans les aliments », dans *Gouvernement du Canada*, [En Ligne], https://www.canada.ca/en/health-canada/services/food-nutrition/food-safety/food-additives/caffeine-foods/foods.html?fbclid=IwAR3QvnczGvzL-39NGXmeweTEVWD03uBd6b9n_D4GT5TC841zTtK7XmKI1eg

La prise de poids

Est-il normal, que mon bébé ne prenne pas beaucoup de poids certains mois ?

La prise de poids n'est pas toujours linéaire. Votre bébé va prendre beaucoup de poids lors des 6 premiers mois. Par la suite, le développement moteur va venir ralentir cette évolution pondérale. Il sera donc normal que bébé prenne moins de poids s'il bouge beaucoup, notamment lors de l'acquisition du quatre pattes et de la marche.

Quels éléments doit-on surveiller ?

Dans tous les cas, on regarde les courbes de poids et de taille. S'il n'y a pas de cassure des courbes et que bébé se développe bien, alors il n'y a pas de raison de s'inquiéter. On n'oublie pas que les bébés allaités doivent suivre la courbe de l'OMS et non celle du carnet de Santé. En effet, la prise de poids d'un bébé au lait infantile et au lait maternel ne sera pas la même.

Quels aliments proposer à un bébé pour aider à sa prise de poids[24] ?

- On continue à proposer le lait sans réduire ni les biberons, ni les tétées. On ne remplace pas cet apport par des laitages, car cela ne couvrira pas aussi bien les besoins énergétiques de votre bébé.

---

[24] SANTE CANADA, « La nutrition du nourrisson né à terme et en santé : Recommandations pour l'enfant âgé de 6 à 24 mois », dans *Gouvernement du Canada*, [En Ligne], https://www.canada.ca/fr/sante-canada/services/guide-alimentaire-canadien/ressources/nutrition-nourrisson/nutrition-nourrisson-terme-sante-recommandations-naissance-six-mois/6-24-mois.html#a7

- On ajoute de l'huile dans les plats. Au delà du fait que les huiles sont intéressantes d'un point de vue du développement neurologique, elles peuvent aussi aider à la prise de poids. Pour être encore plus efficaces, on les varie et on les utilise en fonction de leur tolérance ou non à la chaleur.

- De l'avocat

- Des purées d'oléagineux

- Des poissons gras : saumon, maquereau, ...

* * * * * * * *

Les matières grasses[25], sont-elles bonnes pour mon bébé?

La réponse est Oui et Non. En réalité, il n'existe pas une seule et unique forme de matières grasses. En effet, nous retrouvons dans notre alimentation du "Mauvais Gras", mais aussi du "Bon Gras". L'important va donc être de proposer les aliments "Bons gras" à votre bébé et de limiter, voire d'éviter les "Mauvais Gras".

---

[25] Isabelle GRAULICH, « La Diversification Alimentaire chez l'Enfant Allaité », dans *Clinique St Pierre Ottignies, [En Ligne],* www.cspo.be/sites/default/files/DDI/Documents/03_La%20Diversification%20Alimentaire%20%20chez%20l%E2%80%99Enfant%20Allait%C3%A9.pdf

Quels sont les "mauvais gras" ?

Dans la famille des "mauvais gras", on retrouve :

- **Les Gras Saturés** qui se trouvent dans les beurres, fromages, crèmes, huiles de coco, ... Ces aliments peuvent être consommés, mais toujours de façon occasionnelle et sans excès.

- **Les Gras Trans** : ils sont issus en majorité de procédés industriels et sont reconnus comme néfastes pour l'organisme. On les retrouve généralement dans les plats préparés et dans les aliments transformés.

Mais alors quels sont les "bons gras" ?

Dans les matières grasses bénéfiques pour la santé on peut citer :

- **Les Oméga-3 :** on les trouve dans certaines huiles végétales, les poissons gras, les graines de lin, les noix ...

- **Les acides gras Oméga-6 :** on les retrouve principalement dans les huiles alimentaires végétales. La consommation des Oméga-6 doit être raisonnée car en excès, ils empêchent l'utilisation complète des Oméga-3 par l'organisme.

- **Les Oméga-9 :** ils peuvent être utilisés dans le cadre des cuissons. On les trouve dans l'huile d'olive, l'avocat, les noix, les noisettes, les arachides.

Le transit

Les selles changent-elles lors de la diversification ?

Votre bébé, alors habitué au lait, découvre de nouvelles textures, goûts, odeurs, porte les morceaux à la bouche et avec un peu de chance va en manger.

Même s'il mange en faible quantité, vous pouvez observer plusieurs modifications :

- **La texture :** De liquide, vous observerez que les selles vont progressivement devenir moulées.
- **La couleur :** Au départ jaune d'or pour les bébés allaités ou jaune vert pour les bébés au lait infantile, avec la diversification votre bébé va maintenant avoir des selles colorées. De façon générale la teinte dépend de la composition du repas.
- **L'odeur :** Les selles vont devenir plus odorantes.

Est-il normal de trouver des "morceaux" dans les selles ?

La réponse est oui ! Les bébés débutants n'ont pas encore acquis la mastication et de ce fait, il y a fort à parier que vous retrouviez certains aliments dans les couches. Plus votre bébé va mastiquer et moins vous en verrez, mais comme pour nous, il y en aura toujours.

Peut-il y avoir des troubles du transit en début de diversification ?

L'organisme de votre bébé peut être perturbé lors du début de diversification, car encore peu habitué à l'alimentation solide. Il y a donc durant cette phase, plus de risques que votre bébé soit constipé. Il faut alors privilégier les aliments riches en fibres et penser à proposer de l'eau lors des repas.

Que donner à mon bébé pour éviter les troubles digestifs ?

- De l'eau lors des repas
- Des aliments riches en fibres : Oranges, pruneaux, flocons d'avoine, épinards, haricots vers, ...
- Des aliments gras : Avocat, purées d'oléagineux, ajout d'huiles dans les plats, ...

Partie n°2

Diversifier son Bébé Autrement

« Lorsqu'un bébé a 6 mois, le professionnel de santé qui le suit vous parlera de sa diversification et vous recommandera de lui proposer des purées et compotes. Vous ne le savez peut-être pas, mais cette étape de découverte alimentaire peut aussi se faire d'une autre façon. Cette méthode s'appelle la Diversification Menée par l'Enfant ».

La Diversification Menée par l'Enfant

En quoi consiste la DME ?

La DME ou Diversification Menée par l'Enfant, est une méthode de découverte des aliments complémentaires, pouvant être utilisée à partir de 6 mois. Dès le début de sa diversification, bébé s'alimente de façon autonome grâce à la présentation de morceaux sécuritaires[26] et de textures en cuillères pré-remplies, qu'il va porter seul à sa bouche.

Si bébé mange des morceaux seul, va t-il s'étouffer ?

Le risque d'étouffement est similaire entre les deux méthodes. Les accidents recensés au niveau international, étaient toujours en lien avec un aliment présenté de façon non sécuritaire.

De ce fait, si vous veillez à la bonne présentation des aliments, votre bébé découvrira l'alimentation complémentaire de façon sécuritaire. N'oubliez pas que votre bébé dispose d'un mécanisme qui le protège durant cette phase d'apprentissage : le Gag Reflex[27].

Mon bébé est-il vraiment capable de manger seul à cet âge ?

La réponse est OUI ! A 6 mois, le développement moteur du bébé lui permet de s'alimenter de façon autonome. En effet, son tonus dorsal, la mobilité de sa tête et sa coordination main/bouche sont prêts.

---

26 « Une approche dirigée par bébé pour manger des solides et risquer de s'étouffer », dans *AAP News & Journals Gateway*, [En Ligne], https://pediatrics.aappublications.org/content/138/4/e20160772
27 Explications p.52

Si je laisse manger mon bébé avec les mains, ne refusera t-il pas ensuite de manger proprement avec ses couverts ?

La DME développe rapidement la motricité fine[28] et stimule le mimétisme. En ce sens, nombreux sont les bébés pratiquant cette méthode, qui à l'âge de 10 mois mangeront de façon autonome avec leurs couverts.

Quels sont les avantages[29] de la DME ?

- **Développement de la motricité fine :** Apprentissage de la gestion des couverts en autonomie dès 8-10 mois.
- **Une découverte de l'alimentation en autonomie**, tout en stimulant les sens (toucher, odorat, goût, vue). Hé oui ! Un bébé de 6 mois peut manger seul et prendre du plaisir à le faire.
- **Partage des repas familiaux :** Le même repas partagé par toute la famille en veillant à adapter les formats et les textures des aliments de bébé. C'est un gain de temps en cuisine et vous avez la garantie de toujours manger chaud et ensemble.
- **Améliorer la qualité des repas familiaux** : Revenir à des repas sains et équilibrés. Il n'y a pas d'âge pour apprendre les bons comportements alimentaires à vos enfants.

---

[28] Capacité du bébé à utiliser ses doigts/mains afin de réaliser des mouvements précis dont le but est d'attraper des petits objets/aliments.

[29] Isabelle GRAULICH, « La Diversification Alimentaire chez l'Enfant Allaité », dans *Clinique St Pierre Ottignies, [En Ligne],* www.cspo.be/sites/default/files/DDI/Documents/03_La%20Diversification%20Alimentaire%20%20chez%20l%E2%80%99Enfant%20Allait%C3%A9.pdf

- **Stimulation précoce des mouvements masticatoires** en profitant de l'action du Gag Reflex. Votre bébé va alors dès le départ apprendre à mâcher et mastiquer.

- **Le maintien de la gestion de la satiété :** Le bébé mange en fonction de ses besoins et établit son équilibre alimentaire naturel sur la semaine.

Quelles sont les appréhensions liées à la DME ?

- **Le nettoyage :** On le sait, un bébé qui se salit est un bébé qui apprend. Pour autant, passer une heure à faire le ménage après les temps de repas peut vite devenir contraignant.

Mes astuces : *Nappe cirée au sol, blouse avec plateau intégré, chaise haute facile d'entretien, avoir des animaux de compagnie qui pré-nettoient le sol, ...*

- **La peur de l'étouffement :** Culturellement parlant, on ne peut pas donner de morceaux à un bébé qui n'a pas de dents. La réalité physiologique est tout autre. Un bébé peut en effet manger sans avoir de dents, puisque ce sont ses gencives, sa langue et son palais qui font le boulot ! D'autre part, les études[30] sont formelles, en prenant les précautions nécessaires les risques d'étouffement sont les mêmes quelque soit la méthode choisie

---

[30] A. BROWN, « Aucune différence dans la fréquence autodéclarée entre les nourrissons introduits dans des aliments solides en utilisant un sevrage dirigé par un bébé ou une approche traditionnelle d'alimentation à la cuillère », dans Journal de nutrition humaine et diététique/Volume 31, numéro 4 [En Ligne], https://onlinelibrary.wiley.com/doi/full/10.1111/jhn.12528?fbclid=IwAR1swtz3vuf10gp9N5M-JcfBmDNAnQiEg1WvliY15EH9KR7PdQ_29H-VIw0&

Contre-indications

Existe t-il des contre-indications à la DME ?

Certains troubles médicaux nous poussent à la prudence, quant à la pratique de la DME :

- Frein de langue court
- Malformation buccale, fente labiale
- Problème de coordination main-œil

Mon bébé présente un de ces troubles, la DME est donc impossible ?

Non pas toujours. N'hésitez pas à interroger un spécialiste afin de valider ou non cette méthode de diversification. Dans bon nombre de cas, cela sera possible.

Quel professionnel peut me dire si mon bébé peut ou non pratiquer la DME ?

De nombreux professionnels peuvent évaluer la capacité de votre enfant à pratiquer la DME. Pour le savoir, n'hésitez pas à consulter pour les cas suivants :

- **Frein de langue court :** ORL, orthophoniste spécialisé.
- **Malformation buccale, fente labiale :** ORL, stomatologue, orthophoniste spécialisé(e).
- **Problème de coordination main-œil :** Kinésithérapeute, ergothérapeute.
- **Bébé prématuré :** Orthophoniste, pédiatre.

À quel âge peut-on commencer la DME, lorsque bébé est né de façon prématurée ?

Si le spécialiste qui suit votre enfant valide la DME, vous pourrez débuter sa diversification lorsqu'il aura 6 mois en âge corrigé[31].

[31] Âge d'un enfant s'il était né à la date prévue d'accouchement

Les pré-requis pour pratiquer la DME

Mon bébé est-il prêt pour débuter la DME ?

Pour débuter la DME, votre bébé doit :

- Avoir 6 mois.
- Tenir son dos droit lorsqu'il est assis dans sa chaise haute et non pas savoir s'asseoir seul au sol[32].
- Porter les aliments seul à sa bouche.
- Être capable de tourner sa tête de gauche à droite et de bas en haut.

Qu'est-ce que la motricité libre ?

La motricité libre est une méthode qui respecte le développement moteur du bébé. Ainsi, on le laisse développer son tonus à son rythme et sans sauter d'étapes. Les postures prises par bébé, sont donc celles qui ont été acquises de façon autonome. Dans ce cadre, on n'installe pas un bébé en position assise, s'il ne sait pas le faire de lui-même. Bien évidemment, on le stimule, mais sans réaliser le mouvement à sa place.

A quel âge un bébé arrive t-il à s'asseoir seul ?

En moyenne, un bébé va acquérir la posture assise entre 8 et 12 mois. Là encore, il n'existe pas de règle, hormis celle de faire confiance à son bébé.

---

[32] Gill RAPLEY, « Sitting upright – what does it mean? », dans *Rapley Weaning*, [En Ligne], http://www.rapleyweaning.com/assets/How_early_is_too_early.pdf

Si mon bébé ne s'assoit pas avant 8 mois, cela signifie que l'on ne pourra pas pratiquer la DME ?

Vous ne le savez peut être pas, mais il existe deux cas pour lesquels la motricité libre n'est pas applicable : les temps de transports et les temps de repas. Pour des questions de sécurité et de prévention des carences, il est indispensable lors de ces deux temps, d'installer bébé dans une posture qui n'est pas encore acquise. En partant de ce constat, même si votre bébé n'arrive pas à s'asseoir seul, vous pouvez tout de même pratiquer la DME.

Partie n°3

La Sécurité

Avant Tout !

« La Diversification Menée par l'Enfant, est une méthode qui demande un respect des normes de sécurité à chaque repas. Les connaître et les appliquer va vous permettre de vivre cette aventure en toute sérénité ».

Notions de sécurité en DME

Quels sont les indispensables de la sécurité en DME ?

- Bébé doit porter les aliments seul à sa bouche.
- Veiller à la présentation sécuritaire des aliments en terme de format et textures et ce, en fonction de l'étape d'apprentissage de votre bébé[33].
- On veille à ne pas donner d'aliments à haut potentiel de risque d'étouffement[34].
- Bébé doit être bien stable dans sa chaise haute. On l'empêche donc de se déplacer lorsqu'il a un aliment en bouche, surtout pour les plus grands.
- La présence d'un adulte est indispensable.
- On ne met jamais les doigts dans la bouche d'un bébé qui mange.
- On privilégie une ambiance calme lors des repas.
- On pose les aliments dangereux hors de sa portée et on sensibilise les enfants plus grands à en faire de même.
- On n'ajoute pas de glaçon dans les verres des enfants de moins de 4 ans.
- On ne laisse pas un enfant manger dans une voiture.

[33] Explications p.81 à 89

[34] Explications p.56

Mon bébé est fatigué lors du repas, que dois-je faire ?

Un bébé fatigué n'est pas efficace lors du repas. Il n'est pas non plus dans la pleine maîtrise de ces aptitudes motrices et cognitives. Dans ce type de cas et pour préserver sa sécurité, on propose le lait à bébé et on le couche. Il aura bien d'autres occasions de s'entraîner à manger !

Est-ce une obligation d'utiliser une chaise haute ?

L'usage d'une chaise haute en DME, permettra à votre bébé d'être correctement installé pour découvrir et manipuler les aliments. Cependant, la chaise haute en tant que telle n'est pas obligatoire.

D'autres solutions s'offrent alors à vous. Vous pouvez tout à fait utiliser un rehausseur, ou encore faire manger bébé sur vos genoux. Dans ce dernier cas, il faudra veiller à ce qu'un adulte soit positionné face à lui pour le surveiller.

Doit-on attacher bébé lors des repas ?

Si vous possédez une chaise avec un système de blocage entre les jambes, vous n'êtes pas obligé d'attacher bébé. Sinon, il faut l'attacher au niveau de la taille (ceinture ventrale). Pour rappel, on n'utilise JAMAIS les attaches prenant les épaules, car bébé n'arriverait pas à se dégager en cas de Gag Reflex. Si vous devez ou souhaitez attacher bébé, pensez à toujours le faire au niveau de la taille.

Gag Reflex ou Réflexe Nauséeux

Lorsque bébé a 6 mois, il dispose d'un très fort réflexe sécuritaire. Cette protection positionnée au niveau du deuxième tiers de sa langue se nomme : Gag Reflex ! Aussi appelé réflexe nauséeux ou vomitif, le Gag Reflex a pour but de protéger les voies respiratoires de votre bébé, lorsqu'il découvre l'alimentation complémentaire[35].

Pour quelle raison, à l'âge de 6 mois le Gag est-il très sensible et très fort en intensité ?

La raison est simple ! A 6 mois, bébé est prêt pour être diversifié, mais en tant que débutant sa maîtrise des aliments n'est pas efficace. En effet, il n'est pas rare de voir un bébé s'essayer à avaler un morceau beaucoup trop gros, trop long ou encore pas assez travaillé en bouche.

Lorsque votre bébé va essayer d'avaler ce type de morceaux, son corps va se mettre en sécurité et déclencher le fameux Gag Reflex. Le cerveau va envoyer le signal à l'organisme qu'il faut renvoyer l'aliment vers l'avant de la bouche, pour lui faire comprendre que « Non ce morceau ne peut pas être avalé comme ça. Il faut encore bosser un peu en le mâchant, en l'écrasant, pour que ça soit sécuritaire ! ». A force d'expériences, votre bébé va devenir plus performant et verra son réflexe de moins en moins sollicité.

35

- SANTE CANADA, « La nutrition du nourrisson né à terme et en santé : Recommandations pour l'enfant âgé de 6 à 24 mois », dans *Gouvernement du Canada*, [En Ligne], https://www.canada.ca/fr/sante-canada/services/guide-alimentaire-canadien/ressources/nutrition-nourrisson/nutrition-nourrisson-terme-sante-recommandations-naissance-six-mois/6-24-mois.html#a7
- Isabelle GRAULICH, « La Diversification Alimentaire chez l'Enfant Allaité », dans *Clinique St Pierre Ottignies, [En Ligne],* www.cspo.be/sites/default/files/DDI/Documents/03_La%20Diversification%20Alimentaire%20%20chez%20l%E2%80%99Enfant%20Allait%C3%A9.pdf

Est-ce vrai qu'un bébé ne mangeant que des purées perd son Gag ?

Eh bien, non ! En réalité, il ne le perd pas, mais ne le stimule que beaucoup plus tard du fait des textures lisses présentées lors des premiers repas. Pour autant, lorsque l'on propose de nouvelles textures, il arrive que les bébés en diversification traditionnelle aient besoin de leur Gag Reflex pour apprendre à bien les gérer.

Que faire lorsque bébé a un Gag ?

La première chose est d'être vigilant et prêt à intervenir en cas de besoin. Vous pouvez par exemple parler à votre bébé. De façon très calme, dites lui de bien se concentrer, qu'il est capable de faire ressortir le morceau, ... Encouragez-le et n'oubliez pas que tant que votre bébé respire, il ne faut pas intervenir.

Le Gag n'est en aucun cas une situation d'urgence. Il est donc très important de ne pas intervenir. Le fait de toucher votre bébé, d'essayer de retirer le morceau de sa bouche, de lui taper dans le dos, pourrait pousser le morceau trop loin et bloquer ses voies respiratoires.

Comment reconnaître un Gag ?

Un bébé qui utilise son Gag respire. Il arrive à émettre des sons, son teint de peau ne devient pas bleu, il continue à bouger son corps, se penche en avant, ... A la fin d'un Gag, bon nombre de bébés reprennent leur repas, comme si de rien n'était.

N'oubliez pas : Un bébé qui a des Gag est un bébé qui en a besoin pour se protéger et s'améliorer.

La Fausse Route

Qu'est-ce qu'une fausse route ?

La fausse route est le résultat de la mauvaise direction prise par un aliment, lors du processus de déglutition. L'aliment va faire « fausse route » et aller dans les voies respiratoires au lieu de se rendre directement dans les voies digestives.

Lorsqu'une fausse route a lieu, on observe que la respiration est toujours présente. On parle alors de blocage partiel des voies respiratoires.

Quels signes peut-on observer lors d'une fausse route ?

- Toux
- Pâleur

Comment réagir ?

- On ne touche pas bébé et on le laisse dans sa chaise haute.
- On lui parle, on le rassure et on l'encourage à tousser.
- On reste calme et prêt à réagir en cas d'urgence.
- On contacte le 15 si la toux ne s'estompe pas naturellement.
- On surveille la température de bébé pendant 48 heures.

L'Étouffement

Qu'est-ce qu'un étouffement ?

L'étouffement est le résultat d'une obstruction totale des voies respiratoires. Le bébé ne peut alors plus respirer car l'air ne circule plus.

Quels signes peut-on observer quand bébé s'étouffe ?

- Bébé ne respire plus.
- Sa peau devient rouge puis bleue.
- Il ne peut pas pleurer ou tousser.
- Son regard montre de la panique.
- Il a la bouche ouverte.
- Il tient sa gorge entre ses mains (pour les plus grands).
- Il perd conscience.

Mon bébé en DME a-t-il plus de risques de s'étouffer ?

Du fait de la présence du Gag Reflex, votre bébé protège ses voies respiratoires d'un éventuel étouffement. Tant que vous respectez bien les principes de précautions en termes de sécurité, votre bébé ne court pas plus de risque qu'un bébé en diversification traditionnelle.

Quels aliments sont à haut risque d'étouffement ?

Afin de prévenir les risques d'étouffement, il est primordial et ce jusqu'à l'âge de 4 ans, de ne pas donner (sous format naturel)[36] :

- D'aliments durs, petits et ronds
- D'arachides, fruits à coque
- De bonbons durs, des pastilles contre la toux, de la gomme à mâcher
- De maïs soufflé
- De raisins secs
- De carottes, pommes et céleris crus (sauf si râpés).

Quels sont les aliments qui ont besoin d'être adaptés, pour être sécuritaires ?

Jusqu'à 4 ans :

- Les aliments ronds comme la tomate cerise et le raisin, doivent être coupés en 4 dans le sens de la longueur.
- Les saucisses doivent être coupées dans la longueur et non pas en rondelles.
- Le concombre : on évite de donner les zones dures sauf si elles sont coupées finement.

---

[36] SANTE CANADA, « La nutrition du nourrisson né à terme et en santé : Recommandations pour l'enfant âgé de 6 à 24 mois », dans *Gouvernement du Canada*, [En Ligne], https://www.canada.ca/fr/sante-canada/services/guide-alimentaire-canadien/ressources/nutrition-nourrisson/nutrition-nourrisson-terme-sante-recommandations-naissance-six-mois/6-24-mois.html#a7

Idéalement jusqu'à la sortie complète de toutes les dents de lait :

- Le pain : retirez la mie ou faites griller les morceaux avant de les donner à votre bébé (dès 6 mois).
- La brioche : le morceau doit être grillé.
- La salade : pour les salades collantes (mâche, feuille de chêne, ...), on attend idéalement que toutes les dents soient sorties avant d'en proposer.

De façon générale :

- Retirer les pépins, noyaux des fruits et légumes.
- Retirer les os de la viande et les arrêtes du poisson.
- La viande doit être bien tendre.

Partie n°4

La DME en Pratique !

« La pratique de la DME avec votre bébé vous semble encore un peu floue ? Vous allez dans cette partie trouver toutes les réponses aux questions que vous vous posez sur : le matériel, les différentes étapes de progression, la mise en place des repas, … » .

Quel matériel choisir pour la pratique de la DME ?

Quelle chaise haute choisir ?

Une bonne chaise pour la DME doit être ergonomique et facile d'entretien. Idéalement avec un repose pied. Lorsque bébé y est assis, le plateau doit-être proche de lui et son dos doit être bien droit. Les rehausseurs peuvent également être utilisés pour pratiquer la DME.

Quels bavoirs ?

Tous les bavoirs sont compatibles avec la DME, tant que bébé a de l'aisance dans ces mouvements. On privilégie les textiles qui sont faciles à nettoyer. Il existe également des bavoirs avec plateau intégré, qui peuvent réduire le temps de ménage puisque les aliments tombent moins au sol.

Quels couverts ?

Pour choisir des couverts adaptés à un bébé en DME, on privilégie les modèles simples et faciles à prendre en main.

- **Cuillère :** Le manche doit être assez large, mais pas trop long pour une bonne prise en main. L'embout de la cuillère, ne doit pas être trop profond et avoir un léger rebord pour éviter que le contenu tombe.

- **Fourchette :** Manche assez large et pas trop long.

Quelles assiettes ?

- **Les compartimentées** sont rigolotes et peuvent apporter une structure au repas. Ce n'est pas obligatoire, mais le côté amusant de l'assiette plaît beaucoup aux enfants.

- **Les basiques** sont reines chez nous. Nous aimons ce qui ressemble à ce que nos enfants utiliseront plus tard. Attention cependant, ce type de modèle est souvent source de vols planés lors de la phase de test du sens de la gravité.

- **Les assiettes adhésives** sont bien, mais elles ne vont pas coller sur tous les supports. Les bébés comprennent également très vite le système pour les décoller. Si vous avez un support adhérent, cela peut être un outil très sympa.

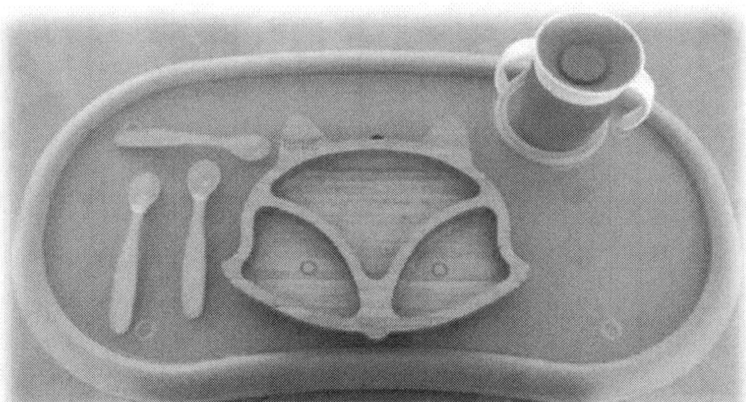

Les cuillères pré-remplies, gourdes et transporteurs

A partir de quel âge peut-on proposer des cuillères pré-remplies ?

Il n'y a pas vraiment d'âge. Certains bébés arriveront à manipuler les cuillères (sans grande précision), à partir de 6-7 mois, quand d'autres ne commenceront qu'à partir de 12 mois. Comme pour tout, chacun son rythme !

Pour les bébés ayant rapidement le déclic alimentaire, vous pourrez de façon générale les intégrer plus vite. En revanche, pour les bébés qui ont besoin de plus de temps pour que le déclic se fasse, introduire prématurément les cuillères pré-remplies va les perturber. En effet, entre les nouveaux aliments et les couverts, cela leur fait beaucoup de choses à découvrir en peu temps. Suivez votre bébé, il va vous guider.

Vers quel âge un bébé mange t-il avec des couverts ?

Pour stimuler votre bébé dans cet apprentissage, rien de tel que de favoriser le mimétisme lors des repas. Montrez-lui comment vous utilisez vos couverts et vous verrez que votre bébé aura envie de faire comme vous !

Contrairement aux idées reçues, un bébé en DME peut être plus rapidement performant et habile avec des couverts (cuillères, fourchettes). En effet, il n'est pas rare de voir un petit bout de 11 mois en DME, manger seul avec sa cuillère ou sa fourchette !

Bien entendu, chaque bébé est différent et prendra le temps dont il aura besoin pour apprendre. Pour vous donner une indication, entre 10 et 15 mois, les bébés ont en général les capacités motrices pour gérer des couverts.

Quels types de textures proposer en cuillères pré-remplies ?

Pour débuter, proposez des textures épaisses, qui colleront un peu à la cuillère et limiteront l'effet "tout sur le bavoir et rien dans la bouche". De façon générale, on évite les textures lisses assez liquides qui auront tendance à glisser et seront difficiles à manipuler.

Comment procéder ?

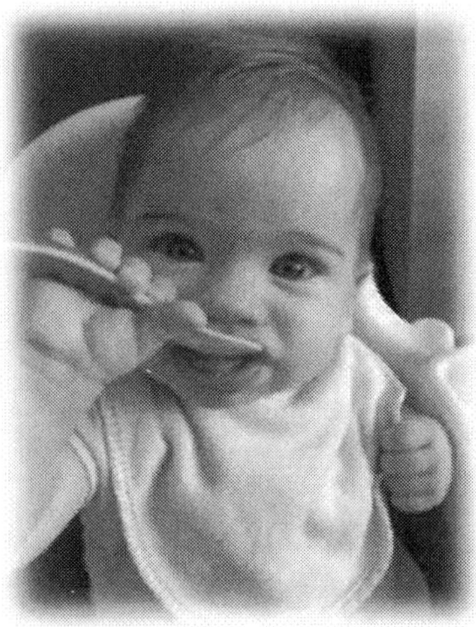

- Prenez 2 à 3 cuillères.
- Mettez un peu de votre texture dans la première cuillère.
- Posez-là sur le plateau
- Laissez bébé gérer !
- Ne perdez pas de temps à préparer la 2ème cuillère et posez là sur le plateau, etc. ...

Le principe des cuillères pré-remplies est de laisser votre bébé les manipuler de façon autonome. Plus il va les manipuler et plus il va progresser !

Des idées pour débuter les cuillères pré-remplies ?

- Écrasé d'avocat
- Fromage frais
- Tartinade de lentilles
- Compote épaisse de fruits
- Purées d'oléagineux
- Houmous (Tartinade à base de pois chiches)

A partir de quand peut-on donner des gourdes de purées/compotes ?

Les gourdes de compotes ou de purées peuvent être proposées à un bébé en DME, idéalement lorsque vous observez des mouvements masticatoires systématiques. Pensez toujours au fait que les gourdes comme le reste des aliments, doivent être utilisées de façon autogérée.

Dans quel cas faut-il se méfier des gourdes ?

La consommation de textures lisses présentées en gourde est à éviter pour les bébés allaités. En effet, certaines mamans ont observé que leur bébé tétait moins bien et que le placement de la langue n'était pas bon après une utilisation régulière de ce type de dispositif. Évitez donc dans la mesure du possible d'en proposer, tant que vous souhaitez faire perdurer votre allaitement.

Quelles gourdes choisir ?

On favorise les compotes/purées avec une composition adaptée aux bébés. On privilégie donc le pauvre en sucre et en sel. Pour le support, on peut les acheter toutes faites, mais également les faire soit même. Et ça, si on peut le faire, c'est encore mieux !

Qu'est-ce qu'un "transporteur" ?

Un transporteur est un aliment qui sert de support, notamment pour des tartinades. On pourra y appliquer des textures lisses en couche fine. Ces aliments peuvent être très utiles pour intégrer certains allergènes.

A partir de quel âge les utiliser ?

Faciles à attraper, ils pourront être proposés pour les bébés débutants dès 6 mois.

Quels sont les "transporteurs" ?

- Pain des fleurs[37]
- Pain : sans la mie ou grillé
- Pain de mie grillé (ou toast)
- Pancakes
- Gaufres

Que peut-on appliquer sur un transporteur ?

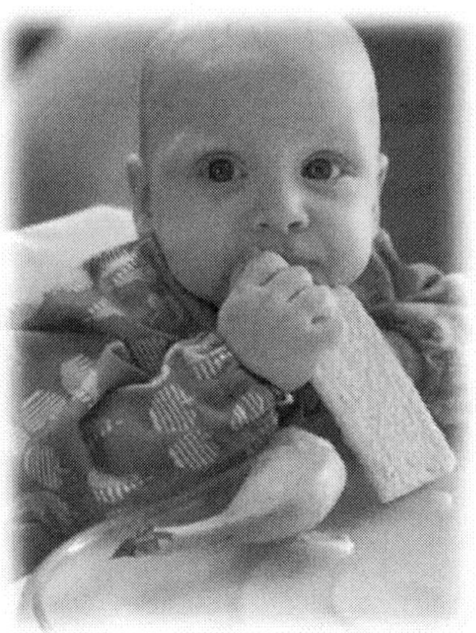

- Purées d'oléagineux
- Compote de fruits
- Rillettes de poisson maison
- Purées de fruits secs (pruneaux, dattes, abricots,...)
- Houmous
- Guacamole
- Tartinade de lentilles
- Fromage frais

[37] Tartines craquante sans gluten (on évite celui au sarrasin qui fond difficilement.

DME et modes de gardes

La DME est-elle possible, si le mode de garde refuse de l'appliquer ?

La réponse est Oui ! Il faudra juste bien définir le rôle de chacun dès le départ. Il est important de bien mettre l'accent sur la sécurité et demander à l'assistante maternelle de ne donner que du lait jusqu'à ce qu'à ce que bébé ait bien progressé. On évite alors les purées et compotes sauf si elles sont données de façon autogérées en cuillères pré-remplies.

Quand le mode de garde peut-il prendre le relais ?

Si le mode de garde refuse l'usage des cuillères pré-remplies, l'idéal est de le faire lorsque vous observez des mouvements masticatoires systématiques Cette aptitude va le rassurer et vous aussi. Vous pouvez donc à ce moment là, laisser la crèche ou l'assistante maternelle proposer des aliments en complément du lait.

Quels aliments pourront-ils alors proposer ?

- Si votre bébé est en crèche, les professionnels peuvent proposer le repas des grands, si les morceaux correspondent à ceux gérés à la maison.

- Proposer les textures lisses en utilisant le principe des cuillères pré-remplies.

- Pour les modes de garde réticents à la DME, proposer les textures lisses appliquées sur des transporteurs comme du Pain des fleurs.

Votre rôle par rapport au mode de garde ?

Donner des indications ciblées sur la taille et la texture que votre bébé mange lorsqu'ils prennent le relais. Au besoin, venir participer à un repas pour donner des indications sur la pratique de la DME. Pour les parents qui fournissent les repas, proposer des aliments sécuritaires en formats et textures, que bébé maîtrise à la maison.

Allaitement et DME

On entend souvent dire que la DME est la continuité de l'allaitement. Voici les spécificités de la diversification des bébés allaités.

En quoi la DME est-elle la continuité de l'allaitement ?

Voici les différents points communs entre l'allaitement et la DME :

- Stimulation des mandibules pour la tétée et ensuite pour l'acquisition de la mastication. D'ailleurs, les bébés allaités vont de façon générale l'acquérir plus rapidement.
- Dès les premières tétées, votre bébé découvre le goût des aliments. Contrairement au lait infantile, le lait maternel change de goût en fonction de l'alimentation de la maman. Ainsi, votre bébé est déjà stimulé au niveau de ses sens gustatifs.
- Pas de notion de quantités. Bébé mange ce dont il a besoin.

Quelles vigilances avoir lors de la diversification d'un bébé allaité ?

Que vous ayez un projet d'allaitement court ou long, il est primordial pour vous de pouvoir décider de quand vous souhaitez arrêter.

De ce fait, il est important lors de la diversification de veiller ne pas proposer d'aliments pouvant impacter directement votre lactation. Parmi ces aliments, on retrouve principalement les produits laitiers utilisés en remplacement d'une tétée.

Proposer des laitages comme du fromage ou des yaourts, peut avoir une incidence sur votre production de lait. En effet on observe que certains bébés sautent les tétées lorsqu'ils en mangent.

Jusqu'à l'âge de un an, le lait occupe une place très importante et privilégiée dans l'alimentation de bébé, même s'il ne couvre plus à 100 % ses besoins énergétiques. Pensez néanmoins à ne jamais remplacer votre lait au profit de laitages, car ils ne couvriront pas aussi bien ses besoins nutritionnels.

<u>Peut-on utiliser le lait maternel dans des recettes, en remplacement du lait de vache ?</u>

Oui bien sûr ! Si vous avez la possibilité de tirer votre lait, profitez-en pour l'utiliser dans vos recettes ! A vous les glaces de lait maternel, les pancakes et autres petits plaisirs ! Si ce n'est pas possible, vous pourrez dans ce cas utiliser du lait végétal ou du lait de vache, sans qu'il n'y ait de répercussion sur votre lactation.

<u>Y a t-il une vigilance particulière ?</u>

On pense toujours que le biberon peut occasionner une confusion/préférence. Mais on oublie souvent que l'utilisation de gourdes de purées et de compotes, peut avoir la même conséquence. A surveiller donc si vous en proposez à votre bébé.

Pour les gros mangeurs, on pense également à proposer la tétée impérativement avant les solides. Pour les autres, il n'existe pas de ;:!recommandation officielle. Vous pouvez donc proposer la tétée avant, pendant ou après le repas. L'important est de suivre le rythme de bébé tout en surveillant votre lactation[38].

En cas de problèmes, n'hésitez pas à prendre contact avec une conseillère en lactation, afin de faire perdurer votre projet d'allaitement.

La DME est-elle possible pour les bébés non-allaités ?

Il n'existe aucun frein à pratiquer la DME si vous n'avez pas allaité votre bébé. Il aura peut-être besoin de plus de temps dans la découverte. Cependant, on peut également voir certains bébés au lait infantile, aller plus vite dans l'apprentissage de la gestion des aliments.

Quelque soit le choix d'alimentation de votre bébé entre 0 et 6 mois (lait maternel ou infantile), vous pouvez parfaitement pratiquer cette méthode !

---

38 Paola PEREZ et Marie COURDENT, « AA84 : Diversification Alimentaire », dans *La Leche League France*, [En Ligne], https://www.lllfrance.org/1589-aa-84-diversification-alimentaire

Le repas

Combien de repas proposer chaque jour ?

Selon l'OMS, vous pouvez proposer dès 6 mois : 2 à 3 repas par jour et au besoin 1 ou 2 collations[39]. En début de DME, repas et collations seront équivalents en termes de présentation d'aliments.

Pourquoi présenter aussi souvent des aliments ?

Présenter autant de fois des aliments à votre bébé vous semble peut-être beaucoup. Mais en réalité, il ne faut pas oublier qu'un bébé qui débute mange peu ou pas lors des repas. Les quantités ingérées seront donc souvent faibles.

D'autre part, il ne faut pas oublier que pour réduire le risque de survenue de l'anémie, des aliments riches en fer doivent être proposés quotidiennement.

Proposer souvent, aide votre bébé à gagner plus rapidement en habileté. En effet, plus on propose et plus bébé va devenir performant. Comme nous, bébé va progresser en s'entraînant !

Doit-on proposer les repas à heures fixes ?

Les bébés qui débutent la Diversification Menée par l'Enfant n'ont pas encore intégré de rythme culturel de repas. Pour eux, manger à 10h ou 12h, c'est la même chose. L'important est de toujours proposer des solides, lorsque bébé est bien éveillé.

---

[39] OMS, « Alimentation du nourrisson et du jeune enfant », dans *Organisation Mondiale de la Santé*, [En Ligne], https://www.who.int/fr/news-room/fact-sheets/detail/infant-and-young-child-feeding

Peut-on débuter la DME le soir ?

Oui bien sûr. Il n'existe pas de temps ou d'horaires imposés pour commencer. Vous pourrez ainsi proposer des aliments lorsque votre bébé est dans de bonnes dispositions.

Doit-on forcément proposer midi et soir ?

Non, pas obligatoirement. Comme je le disais, les heures culturelles de repas ne sont pas acquises. L'important n'est pas le moment où l'on propose à manger, mais plutôt la fréquence. Plus un bébé peut découvrir les aliments, plus il va être performant.

Comment faire si bébé ne pratique pas la DME lorsqu'il est gardé ?

Dès que bébé est avec vous, que son état d'éveil est suffisant, proposez lui des aliments ! L'astuce : Lorsque vous cuisinez, présentez quelques aliments à bébé. Il sera heureux d'être avec vous lorsque vous préparez le repas et cela l'incitera à manger. Idéalement, proposez des aliments durant vos repas à vous. Si ce n'est pas possible, on propose en dehors des repas familiaux. Enfin, lorsque bébé n'est pas en garde, on multiplie les propositions de repas.

Le lait doit-il toujours être proposé avant le repas ?

Selon l'OMS, ce n'est pas obligatoire. Le lait peut être proposé avant, pendant ou après le repas.

Le seul cas de figure où il faut absolument proposer le lait avant le repas, c'est lorsque bébé réduit de façon importante ses portions en lait (tétées ou biberons) au profit des aliments solides (avant 1 an)[40].

Combien d'aliments proposer ?

Pour un débutant, un repas peut être composé au départ de deux à trois aliments. Si votre bébé est un bon mangeur, vous pouvez bien entendu proposer plus d'aliments. Comme toujours, bébé va vous guider sur ses besoins et donc sur le nombre d'aliments à lui offrir.

L'ordre a t-il une importance ?

Comme pour les horaires, l'ordre de présentation des aliments est tout à fait culturel. Pour nos bébés, cela n'a aucun sens. De ce fait, commencer par ce que vous considérez comme dessert et terminer par l'entrée, ne lui poseront aucun problème.

Faut-il proposer tous les aliments en même temps ou un à la fois ?

En DME, on pose tous les aliments sur le plateau et on laisse bébé se débrouiller et découvrir. Contrairement aux idées reçues, les bébés qui débutent seront intéressés aussi bien par le sucré que le salé. En réalité, ce sont les couleurs, textures, odeurs qui vont les orienter vers tel ou tel aliment. N'oubliez pas que ce n'est pas parce qu'aujourd'hui bébé n'a pas voulu toucher à sa branche de brocoli, qu'il ne sera pas intéressé demain.

---

40 Paola PEREZ et Marie Courdent, « AA84 : Diversification alimentaire », dans *La Leche League FRANCE* [En Ligne], https://www.lllfrance.org/1589-aa-84-diversification-alimentaire

Combien de temps doit durer un repas en DME ?

La durée du repas va dépendre de votre bébé. En effet, certains seront fatigués au bout de 10 minutes, quand d'autres pourront y passer leur journée. En moyenne, le repas peut durer entre 10 et 45 minutes. Au-delà, la vigilance de votre bébé sera moins bonne et il aura tendance à multiplier les Gags. On arrête donc le repas lorsque ce délai est dépassé.

Peut-on proposer des allergènes dès les premiers repas ?

La réponse est oui, tant que vous réalisez le test propre aux allergènes[41]. Pensez en revanche, que si votre bébé ne mange pas, il faudra le refaire ultérieurement pour le valider.

41 Explications p.98

La gestion des quantités alimentaires

Pour quelle raison sommes nous préoccupés par les quantités ?

Et bien tout simplement parce que dans notre représentation, un bébé qui mange bien, est un bébé en bonne santé ! Dans le cadre d'une diversification traditionnelle, il est simple de savoir ce que bébé mange grâce au grammage. En DME, le grammage n'est pas possible, car c'est bébé qui gère ses quantités.

Est-ce grave si mon bébé mange peu ou beaucoup[42] ?

Chaque bébé doit répondre à des besoins énergétiques qui lui sont propres et qui seront comblés de façon personnelle. Ainsi, un bébé peut tout à fait avoir besoin de manger de petites quantités pour couvrir l'intégralité de ses besoins. Tandis que d'autres auront besoin de manger en plus grosse quantité.

Quelle attitude adopter ?

Un bébé qui gère de façon autonome ses besoins, aura une grande maîtrise de ses signaux de satiété. C'est à dire qu'il mangera toujours par besoin et non pas par gourmandise.

En tant que parents, voici votre rôle : vous vous chargez de la qualité des repas proposés (alimentation variée et équilibrée) et bébé s'occupe des quantités. Si bébé émet des signes vous montrant que son repas est terminé, il sera inutile de continuer à lui proposer. A l'inverse, si votre bébé en redemande, continuez à lui proposer des aliments.

---

42 Gill RAPLEY, « My baby isn't a good eater», dans *Rapley Weaning*, [En Ligne], http://www.rapleyweaning.com/assets/My_baby_isn't_a_good_eater.pdf

Laisser bébé gérer son repas n'est pas toujours évidente, surtout quand enfants, nous avons inlassablement entendu « termine ton assiette ! ». Aujourd'hui on le sait, il ne faut jamais forcer un bébé à manger plus que ce dont il a besoin. Faites lui confiance et restez ZEN, il connaît bien mieux ses besoins que vous ne pouvez le penser !

* * * * * * * *

Qu'est-ce qu'un "Bébé Hamster" ?

Le bébé que j'appelle « Hamster », est celui qui mange très vite, remplit ses joues et ne vide pas sa bouche ! Vous voyez maintenant de quel bébé je parle ?

Comment faire pour limiter ce comportement ?

Il existe deux astuces :

- **Réduire la taille des morceaux :** Avec cette technique, votre bébé va passer plus de temps à attraper les aliments et aura donc plus de temps pour vider sa bouche.

- **Proposer les aliments les uns après les autres :** Avec cette technique, vous fractionnez les aliments et pouvez inciter votre bébé à mastiquer les aliments et à vider sa bouche. Une fois le morceau terminé et si bébé le souhaite, proposez-lui un nouvel aliment.

Dans tous les cas, favorisez le mimétisme en montrant à votre bébé comment bien mastiquer les morceaux. N'hésitez pas à exagérer les mouvements masticatoires.

Les « stops alimentaires »

Doit-on donner à manger à un bébé malade ?

Tous les bébés malades n'ont pas la même chose. Entre rhumes, poussées dentaires douloureuses, bronchiolites, gastroentérites, ... il est difficile de donner une seule et même ligne de conduite. Il faut donc faire du cas par cas.

Quels aliments privilégier ?

- **Pour tous les bébés malades :** Le lait (maternel ou artificiel). C'est l'aliment à privilégier sur tous les autres.

- **Poussées dentaires :** Certains aiment les aliments froids (fruits et légumes sortis du frigo), d'autres des aliments mous (bâtonnets de courgette fondants, flans de légumes, cuillères pré-remplies de purées (en autogéré), enfin d'autres apprécient les aliments durs (lanières de poivron, pain des fleurs, quignon de pain).

- **Diarrhée :** Galettes ou boulettes avec du riz, pomme cuite, compotes de coing en cuillères pré-remplies (en autogéré), banane, pâtes, ...

- **Rhume :** Si votre bébé a des difficultés à respirer du fait de son encombrement nasal, on ne propose que le lait. S'il arrive à bien respirer, on propose le repas classique et sinon, ce qu'il apprécie. On pense également au nettoyage du nez avant tous les repas.

Quand ne faut-il pas donner à manger à votre bébé ?

- Bébé est fatigué.
- Bébé n'arrive pas à se concentrer du fait de la fièvre.
- Bébé n'arrive pas à respirer correctement ou tousse beaucoup.
- Bébé vomit

Dans ces cas là, seul le lait pourra être offert à votre bébé.

* * * * * * * *

Pourquoi mon bébé souffre t-il lors des poussées dentaires ?

La poussée dentaire se manifeste par le mouvement des dents dans l'os de la mâchoire, puis au travers de la gencive. Ce phénomène va provoquer une inflammation, qui peut durer plusieurs jours (voir semaines) avant l'apparition de la dent.

Mais quel rapport avec l'alimentation ?

Alors que tout allait bien, que bébé commençait à manger, vous observez que du jour au lendemain, il se met à refuser tout ce que vous lui proposez. Vous avez beau lui préparer ses aliments préférés, varier ses menus, ... Rien n'y fait ! En raison des douleurs et de l'inconfort de la poussée dentaire, votre bébé se met en « STOP » alimentaire ».

Comme il a mal, il va éviter de stimuler sa zone buccale et donc naturellement de manger.

Que faire lorsque cela arrive ?

Lorsque bébé a des douleurs, la première chose à faire, va être de prendre en charge cette douleur (anneaux de dentition, homéopathie, analgésique au besoin, ...).

Pour ce qui est des temps de repas, la conduite à tenir va dépendre de votre bébé. Certains seront à la recherche d'aliments froids, comme des glaces au lait maternel ou aux fruits sans sucre, des gros quartiers de tomates sorties tout juste du frigidaire, ...

D'autres, vont avoir besoin d'aliments sur lesquels ils pourront faire travailler leurs gencives : lanières épaisses de viande, gros morceaux de poivrons mûrs, ...

Certains bébés, quant à eux, favoriseront les aliments mous, voir très mous (fruits très mûrs ou légumes avec une cuisson très fondante).

Enfin, il se peut aussi que votre bébé, malgré ces différentes présentations de textures, continue de tout refuser. Dans ce dernier cas, favorisez votre allaitement ou le lait infantile et continuez à proposer des aliments tout en prenant du recul.

Combien de temps cela peut-il durer ?

Encore une fois, la réponse va dépendre de votre bébé. Certaines poussées dentaires dureront quelques jours, d'autres quelques semaines.

Quand s'inquiéter ?

En tant que parent, nous sommes toujours inquiets lorsque notre bébé ne veut plus s'alimenter. En effet, dans notre conception manger, c'est vivre ! Si votre bébé continue de refuser ses repas, alors que la poussée dentaire est terminée, que vous observez une perte de tonus, de la fatigabilité, une modification de comportement, ... il est alors préférable de consulter.

Les différentes étapes en DME

Quelles sont les différentes étapes observées en DME ?

Lorsque votre bébé pratique la DME, vous observez 4 phases majeures. Elles marquent une progression dans l'apprentissage de la gestion des morceaux, ainsi que dans le développement de la motricité fine.

Voici ces quatre étapes :

- L'observation
- La découverte
- Le développement de la motricité fine et du déclic alimentaire
- Le perfectionnement : bébé termine son apprentissage et mange des morceaux comme le reste de la famille.

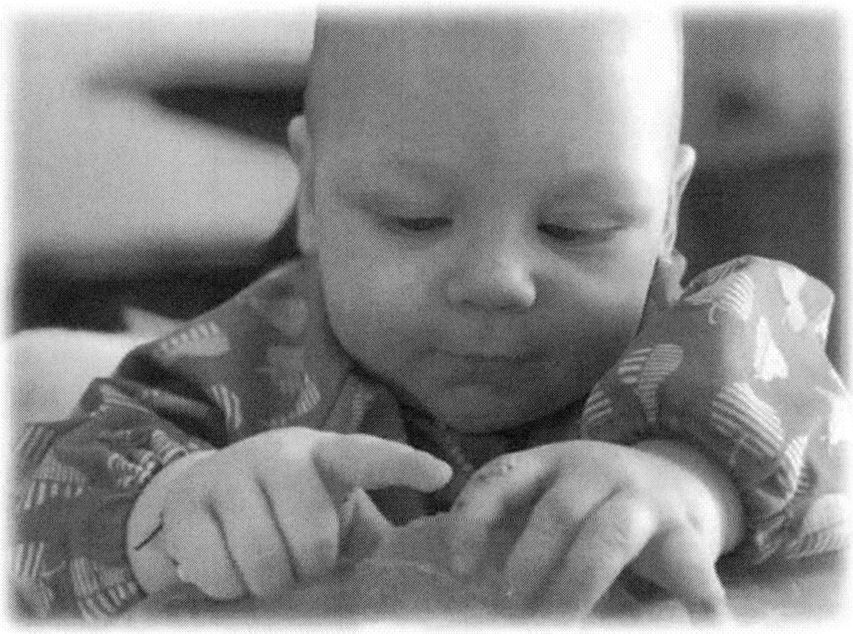

Comment savoir si mon bébé est prêt à manger des morceaux de l'étape suivante ?

Pour savoir si un bébé est prêt à manger des morceaux plus petits, il suffit de lui en présenter de façon progressive. S'il arrive à les attraper, il aura les capacités pour les gérer en bouche, et ce, de façon sécuritaire. Il faut savoir également que certains bébés arrêtent de manger lorsqu'ils s'ennuient avec des gros morceaux. A ce moment là, tentez des morceaux un peu plus petits !

Quels sont les âges de chaque étape ?

J'ai pour habitude de dire, qu'en dehors de la phase d'observation (de 0 à 6 mois), il n'existe pas d'âges de référence. C'est plutôt l'acquisition des compétences qui va permettre à bébé de passer d'une étape à une autre.

En effet, de nombreux critères autres que l'âge, vont entrer en compte dans la progression de bébé (âge de l'acquisition des pré-requis et du début de diversification, âge du déclic alimentaire, développement de la motricité fine, ...).

L'étape d'observation

En quoi consiste cette étape ?

Durant cette étape, votre bébé n'est pas encore en âge d'être diversifié, mais il développe son intérêt alimentaire. En effet, il commence à s'intéresser à ce qui se passe à table. Il vous découvre en train de manipuler les aliments, il éveille son odorat, ...

A partir de quel âge débute cette phase ?

On parle ici de bébés ayant de 4 à 6 mois.

Quelle attitude avoir par rapport à mon bébé ?

Vous pouvez à présent intégrer votre bébé en l'installant dans sa chaise haute. Veillez à le faire durant un temps court et adapté à ses capacités motrices.

Proposez-lui des jeux à manipuler sur sa tablette, des couverts bébés, ... Ainsi, il commencera à développer sa motricité fine et sera plus à l'aise lors des premiers repas.

Peut-on proposer des aliments ?

Votre bébé n'a pas 6 mois, il faut alors le faire attendre encore quelques semaines. Si vous allaitez, vous pouvez en revanche lui proposer dès ses 4 mois des glaces de lait maternel.

L'étape de la découverte

Pourquoi mon bébé ne mange t-il pas ?

La phase de découverte est une étape d'apprentissage importante. En effet, votre bébé qui était alors habitué au lait, va être au contact de nouvelles couleurs, textures, goûts et odeurs. Tout cela fait beaucoup de choses à intégrer pour un petit cerveau en pleine construction. Une fois cette étape terminée, votre bébé se mettra à manger.

Combien de temps dure cette étape ?

Une fois encore, la réponse va être « cela dépend des bébés ». En effet, certains mangeront dès les premiers repas, quand d'autres auront besoin de plus de temps (quelques semaines, mois). A chacun son développement et à chacun son rythme !

Quelles textures et tailles d'aliments favoriser ?

En DME, les aliments crus doivent (sauf exception) être bien mûrs et les aliments cuits doivent être fondants. Pour les aliments cuits, tous les modes de cuissons sont possibles ! Pour la taille, les morceaux devront être plus grands que la paume de main de votre bébé et plus large que votre index.

Quels formats sont les plus adaptés à un bébé débutant ?

Pour que bébé soit à l'aise, il est important de proposer des aliments faciles à attraper.

- Bâtonnets (plus grands que la paume de main de bébé et de la largeur de votre index)
- Grosses lanières épaisses
- Les aliments ayant une prise naturelle, comme les aliments avec pieds ou branches (champignon, brocolis)
- Gros quartiers
- Aliments écrasés en fine couche sur un transporteur
- Recettes (sous réserve d'intégration des allergènes) : muffins, galettes, pancakes, croquettes, ...

Bébé s'énerve lors du premier repas, pourquoi ?

Et bien tout simplement parce qu'il n'arrive pas à attraper les aliments qui glissent. Quelle frustration pour votre bébé qui n'a qu'une envie, celle de découvrir l'aliment que vous lui proposez !
Lorsque bébé débute sa diversification, il ne dispose pas encore d'une grande maîtrise de sa motricité fine. De ce fait, attraper une poire, un kiwi,... est une épreuve pour lui. Ne vous inquiétez pas, cette étape de frustration ne va pas durer longtemps. En usant d'astuces pour faciliter la prise en main, votre bébé va vite progresser.

Même si c'est tentant, veillez toujours à ne pas mettre l'aliment directement dans sa main, mais à le laisser sur le plateau.

Alors comment l'aider à attraper les aliments ?

Voici quelques astuces pour aider votre bébé, lors des premières présentations d'aliments :

- Favoriser les formats bâtonnets

- Laisser certaines parties de la peau de la banane, du kiwi (sa peau est comestible), de la courgette, du poivron,… Attention, cette méthode est à privilégier avec les aliments bio et bien nettoyés. En revanche, on retire les peaux fines qui vont coller au palais, comme par exemple celle de la poire.

- Rouler les aliments dans de la poudre de coco ou de la chapelure. Vous pouvez aussi utiliser de la poudre d'amande ou autres fruits à coque (attention allergènes prioritaires).

- Couper le fruit ou le légume en deux, et faire un trou au centre. Cette technique est possible avec l'avocat, la poire, la pomme, l'ananas, l'aubergine, l'abricot,… Le but est de proposer un système de poignée, pour aider à la préhension.

- Strier l'aliment. Le principe est simple, il suffit de faire des encoches sur l'aliment. Cela permet une meilleure prise en main et réduit le risque de glissades !

N'oubliez pas qu'avec l'expérience, la motricité fine de votre bébé va très vite se mettre en place et que cette étape de frustration sera de courte durée !

Est-il bon de laisser mon bébé découvrir l'alimentation avec ses doigts ?

Vous ne le savez peut-être pas, mais manger avec les doigts est en réalité très sain !

Le fait de manger avec les mains présente même trois intérêts :

- Il permet de donner des informations au cerveau pour préparer le métabolisme à la digestion.

- Les doigts servent d'indicateurs, pour savoir si le plat est chaud, tiède ou froid, si les aliments sont durs ou mous. Ils vont donc guider votre bébé, dans la bonne attitude à adopter, pour gérer correctement le morceau présenté.

- Enfin, cela va déclencher l'envie de porter les morceaux à la bouche et donc stimuler l'intérêt alimentaire. Plus il touche et plus il va avoir envie de manger !

Place aux idées !

- Bâtonnets de légumes ou de fruits : courgettes, butternut, carotte (toujours cuits), kiwi ...
- Lanières épaisses de viande (cuisson à point) ou d'omelette
- Branche de brocolis
- Gros quartiers de tomates, avocat, orange, ...
- Purées de fruits ou légumes ou tartinades, étalées en couche fine sur du pain des fleurs.
- Transporteurs nature : Pain des fleurs, pain (sans mie),...
- Banane bien mûre avec une partie de la peau en guise de poignée.
- Rondelle de pomme cuite, ...

L'Étape du développement de la motricité fine

Quels formats et textures de morceaux proposer lors de cette étape ?

Durant cette phase, les formats des morceaux présentés vont subir plusieurs modifications.

Au départ de cette phase, on propose des morceaux fondants de la taille de la paume de la main de bébé.

Une fois bébé à l'aise, on proposera des morceaux plus petits pouvant mesurer la taille de la moitié de la paume de main de bébé.

Des exemples d'aliments pour le début de cette étape ?

- Morceaux d'ananas en gros cubes
- Fraises de taille moyenne
- Quartiers de clémentines
- Rondelles de banane
- Cubes de butternut
- Demi-abricot

Des exemples d'aliments pour la fin de cette étape ?

- Cubes de banane
- Framboises entières
- Demi-raisin ou tomate cerise
- Lamelles fines de concombre

L'étape du perfectionnement

Une fois arrivé à cette étape, votre bébé s'approche de la fin de sa diversification. Sa motricité fine ainsi que sa gestion des aliments sont maintenant dignes des plus grands.

Quels formats et textures de morceaux proposer lors de cette étape ?

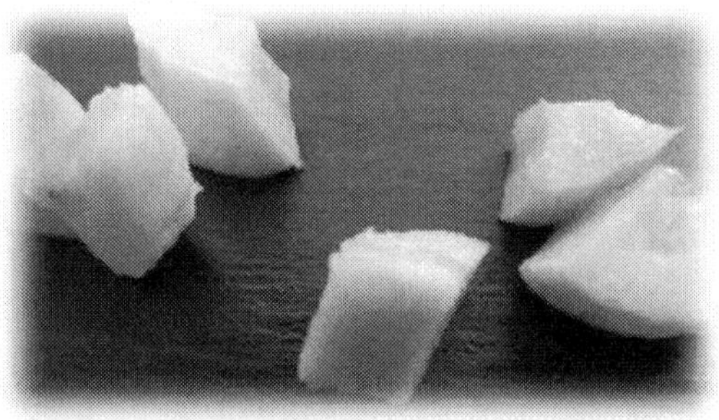

Bébé est maintenant très à l'aise avec les morceaux, il mange des aliments de la même taille que vous. N'hésitez pas à lui proposer des petits morceaux de votre repas, tout en gardant en tête les principes de sécurité.

Des exemples d'aliments pour le début de cette étape ?

- Coquillettes
- Grains de riz
- Carottes râpées
- Petits morceaux de poivrons cuits
- Petits morceaux de tomates
- Cerises coupées en 4

Vigilance

Lorsque les bébés sont très à l'aise, les parents ont tendance à être un peu moins attentifs. N'oubliez pas qu'un enfant a toujours besoin que les principes de sécurité soient appliqués, et ce, à n'importe quel âge.

Textures lisses et soupes

Y a t-il un risque à proposer des textures lisses à un bébé ?

Il n'existe aujourd'hui aucune étude mettant en avant l'augmentation du risque d'étouffement, après avoir donné des textures lisses à un bébé.

A partir de quand peut-on en proposer ?

Les textures lisses épaisses pourront être proposées dès les 6 mois de bébé. Pour les textures lisses liquides, on attend idéalement que bébé soit plus avancé dans sa diversification afin qu'il ait une meilleure gestion de la cuillère.

Comment les introduire pour être sécuritaire ?

Textures lisses épaisses[43] :

- Textures lisses appliquées sur des transporteurs
- Présentées en cuillères pré-remplies
- Purées utilisées en sauces dans vos plats

Textures lisses liquides[44] :

- Cuillères pré-remplies
- Gourdes (attention au risque de confusion/préférence pour les bébés allaités).

Peut-on proposer de la soupe à un bébé qui pratique la DME ?

La réponse est OUI, mais ... :

- **Si votre soupe est liquide et sans morceaux :** la présentation sera possible dès 6 mois.

- **Si votre soupe est liquide avec des morceaux :** possible lorsque votre bébé sera à l'aise avec des morceaux de cette taille.

- **Si votre soupe est épaisse et lisse :** La présentation pourra se faire dès 6 mois de façon autogérée.

- **Si votre soupe est épaisse avec des morceaux :** possible lorsque votre bébé sera à l'aise avec des morceaux de cette taille.

---

[43] Exemple de textures lisses épaisses : Houmous, guacamole, ...

[44] Exemple de textures lisses liquides : Compotes ou purées industrielles 4-6 mois.

Comment proposer la soupe à un bébé ?

Là encore, tout dépendra de la texture :

- **Pour une soupe liquide et sans morceaux :** gobelet ou verre à shooter. Vous pourrez sans problème accompagner le mouvement pour limiter l'effet inondation. Si vous n'allaitez pas, vous pourrez aussi utiliser un verre paille.

- **Pour une soupe liquide avec morceaux :** c'est une texture qui sera difficile à manipuler. La présentation la plus sécuritaire sera la cuillère pré-remplie, mais pas forcément la plus facile à gérer.

- **Pour une soupe épaisse et lisse :** cuillères pré-remplies, en patouille ou en gourde quand bébé stimule des mouvements masticatoires systématiques.

- **Pour une soupe épaisse avec morceaux :** cuillères pré-remplies.

Quelles sont les notions de sécurité à prendre en compte ?

On ne le dira jamais assez mais n'oubliez pas de tester la température de la soupe avant de la présenter à votre bébé.

La mastication

Comment savoir si mon bébé mastique ?

Bon nombre de personnes vous diront qu'il suffit de regarder les selles de bébé. Selon elles, si vous ne trouvez pas de morceaux dans les selles, c'est que la mastication est acquise.

En réalité, ce n'est pas tout à fait exact. Il suffit d'ailleurs de jeter un œil à vos selles (oui je sais, c'est peu glamour!). Vous pourrez vous même observer des morceaux, alors que vous savez parfaitement mastiquer.

Alors comment être certain que cette acquisition l'est réellement ?

La mastication est considérée comme acquise en DME lorsque vous observez des mouvements masticatoires systématiques, et ce, durant tout le temps où le morceau se trouve dans sa bouche. La mastication sera quand à elle parfaitement mature entre 4 et 6 ans.

A partir de quel âge peut-on observer cette acquisition ?

En moyenne, on peut observer des mouvements masticatoires entre 8 et 10 mois. Mais comme toujours, certains bébés seront plus précoces que d'autres. Laissons nos bébés se développer à leur rythme, ils finiront tous par y arriver.

Qu'est-ce que l'acquisition de la mastication va changer dans l'alimentation de votre bébé ?

Certains bébés auront besoin d'avoir des mouvements masticatoires systématiques, pour être à l'aise avec les différentes textures très lisses à tendance liquide mais également pour gérer correctement les gourdes de purées/compotes

Prévention de l'anémie en DME

Quels aliments contenant du fer puis-je proposer dès 6 mois[45] ?

- **Viande (notamment rouge) :** proposée en grosses lanières (cuisson à point), en boulette ou intégrée dans des recettes.
- **Légumineuses (lentilles, haricots blancs ou rouges, pois chiche, ...) :** en galettes, en farine, en tartinades, ...
- **Tofu :** En bâtonnets
- **Quinoa :** En galettes
- **Haricots verts**
- **Brocolis :** En bouquet
- **Épinards :** En muffins, en omelettes, ...
- **Fruits à coque :** En purée sur un transporteur, en poudre intégrée dans des recettes, ...
- **Céréales** : réduites en poudre ou en farine
- **Poissons gras (thon, maquereau, saumon, ...) :** En croquettes ou intégrés dans des recettes.

Comment proposer les céréales infantiles à mon bébé ?

Mettre des céréales infantiles dans un biberon, abîme la qualité du lait offert à votre bébé[46]. On utilise plutôt les céréales infantiles dans des recettes ou en y roulant des aliments. Cette dernière astuce aidera bébé à saisir les aliments glissants avec ses doigts.

---

[45] SANTE CANADA, « La nutrition du nourrisson né à terme et en santé : Recommandations pour l'enfant âgé de 6 à 24 mois », dans *Gouvernement du Canada*, [En Ligne], https://www.canada.ca/fr/sante-canada/services/guide-alimentaire-canadien/ressources/nutrition-nourrisson/nutrition-nourrisson-terme-sante-recommandations-naissance-six-mois/6-24-mois.html#a7

[46] Isabelle GRAULICH, « La Diversification Alimentaire chez l'Enfant Allaité », dans *Clinique St Pierre Ottignies, [En Ligne],* www.cspo.be/sites/default/files/DDI/Documents/03_La%20Diversification%20Alimentaire%20%20chez%20l%E2%80%99Enfant%20Allait%C3%A9.pdf

Comment proposer les protéines en DME ?

Comment proposer les légumineuses ?

Les légumineuses sont naturellement de petits formats. Pour les présenter, vous pourrez les utiliser :

- En galettes.
- En farine intégrée dans une recette.
- En houmous pour le pois chiche.
- En tartinades présentées sur un transporteur ou en cuillères pré-remplies.

Quelle astuce pour éviter les troubles digestifs ?

Pensez toujours à les faire tremper 12 heures dans de l'eau avec une cuillère à café de bicarbonate alimentaire. Avec cette astuce, vous préserverez votre confort digestif.

* * * * * * * *

Comment présenter la viande de façon sécuritaire ?

- En grosses lanières
- En pilons de poulet
- Intégrée dans des recettes :
    - En boulettes
    - En nuggets
    - En pain de viande
    - En muffins
    - En pancakes

Quelles cuissons ?

Vous pourrez tout à fait utiliser une cuisson vapeur, une cuisson au four ou encore à la poêle.

L'important pour être sécuritaire est que la cuisson de la viande soit "A Point". Cette cuisson permet à la viande d'être sécuritaire d'un point de vue sanitaire, mais également de rester tendre et fondante en bouche. Pensez à la cuire à feu doux et à retourner le morceau régulièrement.

Des idées de viande idéale en DME ?

- Poulet
- Paleron de bœuf
- Faux-filet
- Tournedos
- Ribs

Idées d'introduction des Allergènes Prioritaires

Comment s'effectue un test d'allergène ?

Lorsque l'on teste un allergène, il est important de le faire sur cinq jours d'affilée. Il faudra aussi veiller à le faire de façon isolée, c'est à dire sans autre allergène non testé. Voici un exemple d'introduction de l'œuf :

- Lundi midi : lanières d'omelette
- Mardi midi : pancake
- Mercredi midi : gros quartiers d'œuf dur
- Jeudi pause : on n'introduit pas d'œuf, ni de nouvel allergène
- Vendredi pause : on n'introduit pas d'œuf, ni de nouvel allergène

Si aucune réaction n'a eu lieu, on peut passer à un nouvel allergène dès le samedi.

Protéines de Lait de Vache (PLV)

Mon bébé est-il allergique aux PLV s'il y réagit entre 0 et 6 mois ?

Pas nécessairement. On le sait, le système digestif des bébés de moins de 6 mois est en pleine évolution et n'est pas encore assez mature pour bien gérer certains aliments. Ainsi, bon nombre de bébés auront des difficultés à gérer les protéines de lait de vache trop lourdes pour le système digestif, mais pour autant n'y seront pas allergiques.

Comment introduire les PLV[47] ?

Comme pour tous les allergènes prioritaires, il vous faudra présenter les protéines de lait de vache en suivant la règle de : trois jours d'exposition et deux jours de pause. Une fois ce test fait, vous pourrez en re-proposer ou non, en fonction de vos choix et goûts alimentaires.

Quels aliments utiliser pour faire le test ?

Pour les bébés non allaités, nourris quotidiennement au lait infantile classique : le test peut être considéré comme déjà fait. Néanmoins, pour certains bébés cela peut ne pas être suffisant

- Lait de vache intégré dans une recette (pancakes, gaufres, muffins, ...). Le lait de vache, ne doit en revanche jamais être bu par un bébé de moins d'un an.
- Crème fraîche
- Fromage (toujours pasteurisé)
- Yaourt étalé en couche fine sur un transporteur.
- Le beurre étant trop pauvre en PLV, il ne pourra pas être utilisé pour réaliser le test.

---

[47] Cet article n'est en aucun cas à utiliser dans le cadre d'une réintroduction, suite à une allergie aux PLV (confirmée par une sérologie). Seul l'avis d'un allergologue pourra vous indiquer la procédure à suivre.

Blé/Gluten

Blé ou gluten : que doit-on introduire ?

On entend souvent dire qu'il faut introduire le gluten, car c'est un allergène prioritaire. Dans la réalité, il est plutôt préconisé de faire cette introduction du gluten par le blé. En effet, ce dernier est beaucoup plus allergisant que les autres aliments contenant du gluten (avoine, seigle, orge, épeautre, kamut, ...).

Mon médecin m'a dit d'intégrer le gluten entre 6 et 7 mois dans le cadre des allergies. Est-ce exact ?

Le gluten est en effet à introduire entre 6 et 7 mois, mais cette recommandation n'est pas en lien avec les allergies, sauf si vous avez un terrain allergique. En effet, cette introduction a pour seul but d'empêcher ou de retarder l'apparition de la maladie cœliaque[48].

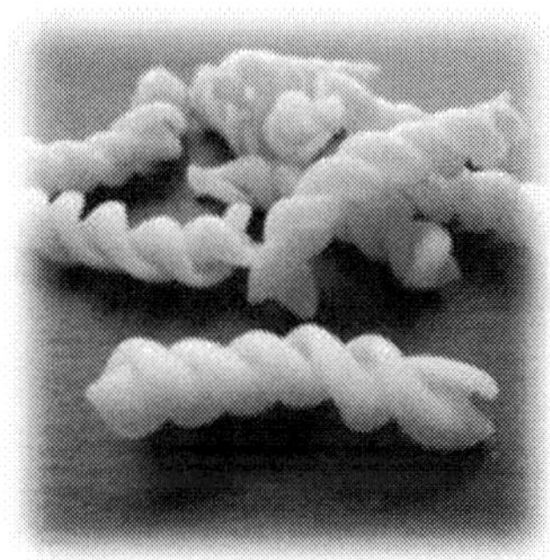

Dans quoi trouve t- on du blé ?

- Pain
- Pâtes
- Semoule
- Farine
- Certaines céréales

N'oubliez pas de vérifier la présence ou non du blé dans vos produits, en lisant les étiquettes.

---

[48] La maladie cœliaque est une maladie chronique et auto-immune de l'intestin après l'ingestion de gluten.

Comment introduire le blé dans l'alimentation de mon bébé ?

Voici quelques idées pour vous aider à intégrer le blé, dans le cadre du test allergique :

- Morceau de pain (sans la mie)
- Macaroni, Fusili et Penne (cuissons fondantes)
- Galettes de semoule de blé
- Farine de blé : dans une recette
- Céréales dans des recettes

Fruits de Mer : Poissons, Mollusques et Crustacés

Comment les introduire ?

Tous les fruits de mer sont idéalement à intégrer, puisque l'on ne sait pas quelle sera l'alimentation de votre enfant une fois adulte. Aux vues de la quantité de fruits de mer existants, privilégiez l'introduction des plus communs et faites preuve de vigilance lorsque votre bébé entre en contact avec un nouveau fruit de mer.

Comment les présenter ?

Les fruits de mer devront toujours être de première fraîcheur et bien cuits pour être sécuritaires. Tout ce qui est cru ou fumé ne pourra être présenté qu'à partir de 6 ans, et ce, pour des raisons sanitaires.

Œuf

Comment l'introduire ?

L'œuf pourra être introduit :

- En demi-œuf dur. Pour le jaune, une pointe d'huile viendra le rendre plus onctueux. On le mélange et on le repositionne à l'intérieur du cœur de l'œuf.
- En lanière d'omelette
- Dans une recette de pancakes, muffins (si les autres allergènes ont déjà été introduits)

Quelles vigilances en termes de présentations ?

L'œuf devra toujours être bien cuit. Avant 6 ans, les œufs ne peuvent pas être présentés crus, ou mi-cuits. On attendra donc encore quelques années avant de donner des œufs sur le plat, à la coque, dans une mayonnaise maison,...

Arachides

Comment les introduire ?

Voici quelques formats sécuritaires pour réaliser leur intégration :

- Le beurre de cacahuète étalé sur un transporteur. On privilégie idéalement un 100% pur cacahuète.
- La poudre fine de cacahuète dans laquelle on va rouler les aliments ou que l'on va intégrer dans une recette.

Quelles vigilances en matière de présentation ?

Les arachides ou cacahuètes sont des aliments qui, sous leur format naturel, ne peuvent être présentés qu'à partir de 4 ans.

Soja

Comment l'introduire ?

Pour présenter le soja, vous pourrez :

- Utiliser des bâtonnets de tofu. Ils sont faciles à prendre en main pour les bébés débutants.
- Utiliser du lait de soja dans la réalisation de recettes de pancakes, muffins, ...
- Proposer un yaourt au soja, présenté soit sur un transporteur, soit en cuillère pré-remplie (si la texture est épaisse).

Quelles vigilances en matière de présentation ?

On serait tenté d'intégrer cet aliment avec les sauces soja, présentes dans nos commerces. Sachez que ces dernières, ne seront pas adaptées en termes de compositions : beaucoup trop de sucre et de sel.

Fruits à coque

Comment les introduire ?

Tous les fruits à coque sont à intégrer de façon isolée. En effet, on peut être allergique aux amandes mais pas aux noix, ...

Comment présenter les fruits à coque ?

Voici quelques formats sécuritaires pour réaliser leur intégration :

- Les beurres ou les purées à base de fruits à coque étalés sur un transporteur. Par exemple purées d'amande. On vérifie toujours les étiquettes des produits, afin de s'assurer qu'un autre allergène non testé ne s'invite pas durant la phase de test.
- La poudre fine dans laquelle on va rouler les aliments, ou que l'on va intégrer dans une recette.
- Le lait d'amande intégré dans une recette.

Quelles vigilances en matière de présentation ?

Les fruits à coque sont des aliments qui, sous leur format naturel, ne peuvent être présentés qu'à partir de 4 ans.

Les huiles et les beurres (exemple : huile de noix) ne seront pas adaptés pour la réalisation du test allergique car trop pauvres en protéines allergisantes. Pour autant, on évite de les proposer à bébé, tant que le test de l'allergène en question n'est pas réalisé.

Céleri

Comment l'introduire ?

Il existe différentes variétés de céleri, mais vous n'êtes pas obligés de toutes les tester.

Comment présenter le céleri ?

Voici quelques formats sécuritaires pour réaliser son intégration :

- Râpé.
- Cuit et présenté en bâtonnet.
- En mousse, étalée sur un transporteur ou présentée en cuillère pré-remplie.

Quelles vigilances en matière de présentation ?

Le céleri ne doit jamais être présenté cru à un bébé, sauf s'il est râpé.

Moutarde

Comment l'introduire ?

La moutarde est un allergène qui peut être introduit :

- Dans une sauce
- Dans une recette de muffins, de pancakes
- En utilisant du curry dans une sauce, en roulant des aliments dans de la poudre de curry, ... Vérifiez la composition de votre curry car ils sont nombreux à être composés de graines de moutarde.

Sésame

Comment l'introduire ?

Le sésame peut être introduit en utilisant :

- De la purée de sésame sur un transporteur (attention au goût, tous les bébés n'aiment pas) ou intégrée dans une recette de muffins, pancakes, ...
- De la farine de sésame
- Du Houmous à base de Tahini (purée de sésame)

Lupin

Comment l'introduire ?

Le lupin peut être introduit en utilisant :

- De la farine de lupin, utilisée dans des recettes.

Sulfites

Dans quoi trouver des sulfites ?

Après vérification des étiquettes nutritionnelles, trouverez des sulfites dans :

- Des fruits et légumes en conserve ou surgelés
- Des fruits secs : pruneaux, abricots, dattes, ...
- Des céréales, farine et fécule de maïs
- De la purée de tomate

Repas et Trajets Voiture

Sur la route des vacances, quelle installation ?

Même en vacances, on pense sécurité. Pour faire manger bébé, on l'installe de façon à ce qu'il ait son dos bien droit. La chaise haute est trop encombrante et ne fait pas partie du voyage ? Ce n'est pas grave, il y a d'autres moyens !

Vous pouvez par exemple, vous équiper d'un rehausseur. Si vous n'en avez pas, faites manger bébé sur les genoux d'un adulte et veillez à ce que quelqu'un soit installé face à bébé pour le surveiller.

Que proposer à votre bébé ?

- **Du lait :** Tétée ou lait infantile.
- **Des crudités :** Bâtonnets de concombre (coupés dans le cœur), quartiers de tomates, courgettes précuites, ...
- **Des fruits :** Demi abricot, melon, pastèque, ...
- **Des aliments dits propres :** Des pâtes, du pain des fleurs, ...
- **Des préparations :** Muffins, pancakes, galettes, flans de légumes, boules d'énergie, ...

Fortes chaleurs

Quand proposer à manger ?

Lorsqu'il fait chaud, on évite les gros repas. On privilégie une alimentation fractionnée. C'est à dire qu'on propose souvent, mais en plus petites quantités.

Repas chaud ou repas froid ?

Comme bon nombre d'entre nous, c'est vers le froid que nos bébés vont s'orienter. Privilégiez donc ce type de repas lorsqu'il fait chaud.

Quoi proposer à mon bébé ?

- Des crudités (exceptée la carotte crue sauf si râpée) : épaisses lanières de poivron cru, bâtonnets de concombre (coupés dans la partie centrale), grosses rondelles de tomates, avocat, bâtonnets de melon, ...
- Œuf dur
- Pâtes ou riz présentés froids
- Tartinades bien fraîches, appliquées sur des transporteurs comme le pain des fleurs, ou présentées en cuillères pré-remplies.

- Fruits bien mûrs : pêches, abricots, nectarines, cerises (pour les bébés pratiquant la pince[49]), fraises, ...
- Glaces Maison

A partir de quel âge proposer des glaces à mon bébé ?

On peut en proposer à partir de 4 mois, pour les glaces faites exclusivement de lait maternel. Pour les glaces contenant d'autres aliments, il faut attendre que bébé ait 6 mois et débute sa diversification.

Quels parfums ?

- Lait maternel
- Fruits écrasés ou réduits en compote
- Fruits et Lait maternel ou végétal

Quels moules utiliser ?

Pour un débutant, il faut un moule avec une bonne prise en main. Un simple bâtonnet peut être plus difficile à prendre en main qu'une poignée. De plus, le modèle ne doit pas être trop grand pour ne pas être trop lourd dans la petite main d'un débutant.

[49] Capacité du bébé à saisir des aliments entre son pouce et son index

Partie n°5

Présentation Des Aliments

« Ce guide reprend cinquante aliments du quotidien. Pour savoir comment présenter les aliments de façon sécuritaire et adaptés à l'étape d'apprentissage de votre bébé, référez-vous à cette légende.

*Un aliment pour **débutant** sera représenté par : ●●●●*
Il sera plus grand que la paume de main de votre bébé et plus large que votre index.

*Un aliment pour bébé **en apprentissage**, commençant à **pratiquer la pince**, sera représenté par : ●●●●*
Il sera de la taille de la paume de main. Il est également plus fin que la largeur de votre index.

*Un aliment pour bébé **ayant acquis la pince** (arrive à attraper les aliments avec son pouce et son index) sera représenté par : ●●●●*
Il est de petit formats comme peut l'être une coquillette ou un grain de riz. On veille à ce que le morceau soit coupé plus petit que la taille de la trachée de votre bébé.

*Un aliment pour bébé **ayant acquis la mastication** : ●●●●*

Les aliments sont classés par ordre Alphabétique. Vous trouverez également à la suite du listing, des photos pour vous donner une idée de la présentation des aliments ».

Abricot

●●●● : Coupé en 2 sans le noyau (cru/cuit), compote épaisse sur un transporteur ou en cuillère pré-remplie, pancakes, muffins, autres recettes.
●●●● : Quartier (cru/cuit), gros morceau (cru/cuit),
●●●● : Petit morceau (cru/cuit)
●●●● : Compote en gourde, compote liquide en cuillère pré-remplie

Amande

●●●● : Poudre intégrée dans des muffins, pancakes, aliments roulés dans la Poudre, purée étalée sur un transporteur ou en cuillère pré-remplie

Format naturel : Pas avant 4 Ans

Ananas

●●●● : Grande Tranche (crue/cuite), rondelle (crue/cuite), compote épaisse sur un transporteur ou en cuillère pré-remplie, pancake, muffin, autres recettes.
●●●● : Quartier (cru/cuit), gros morceau (cru/cuit)
●●●● : Petit morceau (cru/cuit)
●●●● : Compote en Gourde, compote liquide en cuillère pré-remplie

Asperge

●●●● : Format naturel (cuit) purée épaisse sur un transporteur ou en cuillère pré-remplie, tartinade, omelette, pancake, muffins, autres recettes.
●●●● : Petit morceau (cuit)
●●●● : Purée en Gourde, purée liquide en cuillère pré-remplie

Aubergine

●●●● : Bâtonnet (cuit), grosse rondelle (cuite), purée épaisse sur un transporteur ou en cuillère pré-remplie, pancake, muffin, omelette, tartinade, autres recettes.
●●●● : Gros dé (cuit)
●●●●: Petit morceau (cuit)
●●●● : Purée en gourde, purée liquide en cuillères pré-remplie

Avocat

●●●● : Avocat coupé en 2 ou en 4 sans le noyau (cru), purée épaisse sur un transporteur ou en cuillère pré-remplie, pancake, muffin, tartinade, autres recettes.
●●●● : Quartier (cru)
●●●● : Petit morceau (cru/cuit)
●●●● : Purée liquide en cuillère pré-remplie

Banane

●●●● : Demi-banane avec la peau en guise de poignée (cru), bâtonnet (cru), compote épaisse sur un transporteur ou en cuillère pré-remplie, pancake, muffin, autres recettes.
●●●● : Grosse rondelle (crue), gros dé (cru)
●●●● : Petit morceau (cru/cuit)
●●●● : Compote en gourdes, compote liquide en cuillère pré-remplie

Betterave

●●●● : Bâtonnet (cuit), grosse rondelle (cuite), purée épaisse sur un transporteur ou en cuillère pré-remplie, pancake, muffin, tartinade, autres recettes.

●●●● : Gros dé (cuit)

●●●● : Petit morceau (cuit), râpée (cuite)

●●●● : Purée en gourde, purée liquide en cuillère pré-remplie

Brocoli

●●●● : Branche (cuit), (cru/cuit), purée épaisse sur un transporteur ou en cuillère pré-remplie, pancake, muffin, omelette, autres recettes.

●●●● : Petit morceau (cuit)

●●●● : Purée en gourde, purée liquide en cuillère pré-remplie

Butternut

●●●● : Bâtonnet (cuit), grosse rondelle (cuite), purée épaisse sur un transporteur ou en cuillère pré-remplie, pancake, muffin, omelette, autres recettes.

●●●● : Gros dé (cuit)

●●●● : Petit morceau (cuit), râpée (cuite)

●●●● : Purée en gourdes, purée liquide en cuillère pré-remplie

Cacahuète

●●●● : Poudre intégrée dans des muffins, pancake, autres recettes, aliment roulé dans la poudre, purée étalée sur un transporteur ou en cuillère pré-remplie

Format naturel : Pas avant 4 Ans

Carotte

●●●● : Bâtonnet (cuit), purée épaisse sur un transporteur ou en cuillère pré-remplie, pancake, muffin, omelette, tartinade, autres recettes.
●●●● : Gros dé (cuit)
●●●● : Petit morceau (cuit), râpée (crue/cuite)
●●●● : Purée en gourde, purée liquide en cuillère pré-remplie
Bâtonnet cru : Pas avant 4 Ans

Cassis

●●●● : Compote épaisse sur un transporteur ou en cuillère pré-remplie, pancake, muffin, autres recettes.
●●●● : Coupé en 2 (cru/cuit)
●●●● : Compote en gourde, compote liquide en cuillère pré-remplie

Céleri

●●●● : Purée épaisse sur un transporteur ou en cuillère pré-remplie, pancake, muffin, omelette, tartinade, galette, autres recettes.
●●●● : Gros dé (cuit)
●●●● : Petit morceau (cuit), râpé (cru/cuit)
●●●● : Purée en gourde, purée liquide en cuillère pré-remplie

Cerise

●●●● : Purée épaisse sur un transporteur ou en cuillère pré-remplie, pancake, muffin, autres recettes.
●●●● : Coupée en 4 sans le noyau (crue/cuite)
●●●● : Compote en gourde, compote liquide en cuillère pré-remplie

Champignon

●●●● : Entier (cru/cuit), purée épaisse sur un transporteur ou en cuillère pré-remplie, pancake, muffin, omelette, tartinade, autres recettes.
●●●● : Lamelle (crue/cuite)
●●●● : Petit morceau (cru/cuit)
●●●● : Purée en gourde, purée liquide en cuillère pré-remplie

Citron

●●●● : Quartier (cru/cuit), suprême (cru/cuit), compote épaisse sur un transporteur ou en cuillère pré-remplie, pancake, muffin, autres recettes.
●●●● : Petit morceau (cru/cuit)
●●●● : Compote en gourde, compote liquide en cuillère pré-remplie

Citrouille

●●●● : Bâtonnet (cuit), purée épaisse sur un transporteur ou en cuillère pré-remplie, pancake, muffin, omelette, tartinade, autres recettes.
●●●● : Gros dé (cuit)
●●●● : Petit morceau (cuit)
●●●● : Purée en gourde, purée liquide en cuillère pré-remplie

Chou-fleur

●●●● : Branche (cuite), purée épaisse sur un transporteur ou en cuillère pré-remplie, pancake, muffin, omelette, autres recettes.
●●●● : Petit morceau (cuit).
●●●● : Purée en gourde, purée liquide en cuillère pré-remplie.

Chou Rouge

●●●● : Purée épaisse sur un transporteur ou en cuillère pré-remplie, pancake, muffin, tartinade, autres recettes.
●●●● : Petit morceau (cuit).
●●●● : Purée en gourde, purée liquide en cuillère pré-remplie.

Clémentine

●●●● : Compote épaisse sur un transporteur ou en cuillère pré-remplie, pancake, muffin, autres recettes.
●●●● : Quartier (cru/cuit), suprême (cru/cuit).
●●●● : Petit morceau (cru/cuit).
●●●● : Compote en gourde, compote liquide en cuillère pré-remplie.

Concombre

●●●● : Bâtonnet coupé dans le cœur (cru/cuit), grosse rondelle (cuite), purée épaisse sur un transporteur ou en cuillère pré-remplie, pancake, muffin, omelette, tartinade, autres recettes.
●●●● : Gros dé (cuit)
●●●● : Petit morceau (cru/cuit), râpé (cru/cuit)
●●●● : Purée en gourde, purée liquide en cuillère pré-remplie

Courgette

●●●● : Bâtonnet (cuit), grosse rondelle (cuite), purée épaisse sur un transporteur ou en cuillère pré-remplie, pancake, muffin, omelette, tartinade, autres recettes.
●●●● : Gros dé (cuit)
●●●● : Petit morceau (cru/cuit), râpée (crue/cuite)
●●●● : Purée en gourde, purée liquide en cuillère pré-remplie

Datte

●●●● : Purée épaisse sur un transporteur ou en cuillère pré-remplie, pancake, muffin, autres recettes.
●●●● : Petit morceau (cru/cuit).
●●●● : Purée en gourde, purée liquide en cuillère pré-remplie.

Épinard

●●●● : Purée épaisse sur un transporteur ou en cuillère pré-remplie, pancake, muffin, omelette, autres recettes.
●●●● : Purée en gourde, purée liquide en cuillère pré-remplie.

Figue

●●●● : Purée épaisse sur un transporteur ou en cuillère pré-remplie, pancake, muffin, autres recettes.
●●●● : Petit morceau (cru/cuit).
●●●● : Purée en gourde, purée liquide en cuillère pré-remplie.

Fraise

●●●● : Grosse fraise entière (crue/cuite), compote épaisse sur un transporteur ou en cuillère pré-remplie, pancake, muffins, autres recettes.
●●●● : Coupée en 2 (crue/cuite).
●●●● : Petit morceau (cru/cuit).
●●●● : Compote en gourde, compote liquide en cuillère pré-remplie.

Framboise

●●●● : Compotes épaisses sur un transporteur ou en cuillère pré-remplie, pancake, muffin, autres recettes.
●●●● : Grosse framboise entière (crue/cuite).
●●●● : Petit morceau (cru/cuit).
●●●● : Compote en gourde, compote liquide en cuillère pré-remplie.

Haricot Blanc

●●●● : Galette (cuite), purée épaisse sur un transporteur ou en cuillère pré-remplie, pancake, muffin, omelette, tartinade, autres recettes.
●●●● : Entier (cuit).
●●●● : Purée en gourde, purée liquide en cuillère pré-remplie.

Haricot Vert

●●●● : Entier (cuit), purée épaisse sur un transporteur ou en cuillère pré-remplie, pancake, muffin, omelette, tartinade, autres recettes.
●●●● : Petit morceau (cuit).
●●●● : Purée en gourde, purée liquide en cuillère pré-remplie.

Kiwi

●○○○ : Coupé en 2 (cru/cuit), bâtonnet (Cru/cuit), compotes épaisse sur un transporteur ou en cuillère pré-remplie, pancake, muffin, autres recettes.
●●○○ : Quartier (cru/cuit), gros dé (cru/cuit), rondelle (crue/cuite)
●●●○ : Petit morceau (cru/cuit).
●●●● : Compote en gourde, compote liquide en cuillère pré-remplie.

Lentille

●○○○ : Galette (cuite), purée épaisse sur un transporteur ou en cuillère pré-remplie, pancake, muffin, omelette, tartinade, autres recettes.
●●●○ : Entière (cuite).
●●●● : Purée en gourde, purée liquide en cuillère pré-remplie.

Melon

●○○○ : Bâtonnet (cru), grosses tranches (cru), compote épaisse sur un transporteur ou en cuillère pré-remplie, pancake, muffin, tartinade, autres recettes.
●●○○ : Gros dé (cru).
●●●○ : Petit morceau (cru/cuit).
●●●● : Compote en gourde, compote liquide en cuillère pré-remplie.

Mirabelle

●○○○ : Compote épaisse sur un transporteur ou en cuillère pré-remplie, pancake, muffin, autres recettes.
●●●○ : Coupée en 4 (crue /cuite)
●●●● : Compote en gourde, compote liquide en cuillère pré-remplie.

Mûre

●○○○ : Compote épaisse sur un transporteur ou en cuillère pré-remplie, pancake, muffin, autres recettes.
●●○○ : Grosse mûre entière (crue/cuite),
●●●○ : Petit morceau (cru/cuit)
●●●● : Compote en gourde, compote liquide en cuillère pré-remplie.

Myrtille

●○○○ : Compote épaisse sur un transporteur ou en cuillère pré-remplie, pancake, muffin, autres recettes.
●●●○ : Coupée en 2 (crue/cuite).
●●●● : Compote en gourde, compote liquide en cuillère pré-remplie.

Navet

●○○○ : Bâtonnet (cuit), grosse rondelle (cuite), purée épaisse sur un transporteur ou en cuillère pré-remplie, pancake, muffin, omelette, tartinade, autres recettes.
●●○○ : Gros dé (cuit).
●●●○ : Petit morceau (cuit).
●●●● : Purée en gourde, purée liquide en cuillère pré-remplie.

Nectarine

●○○○ : Coupée en 2 et présentée sans le noyau (crue/cuite), compote épaisse sur un transporteur ou en cuillère pré-remplie, pancake, muffin, autres recettes.
●●○○ : Quartier (cru/cuit)
●●●○ : Petit morceau (cru/cuit).
●●●● : Compote en gourde, compote liquide en cuillère pré-remplie.

Noisette

●●●● : Poudre intégrée dans un muffin, pancake, autres recettes, aliment roulé dans la poudre, purée étalée sur un transporteur ou en cuillère pré-remplie

Format naturel : Pas avant 4 Ans

Noix

●●●● : Poudre intégrée dans un muffin, pancake, autres recettes, aliment roulé dans la poudre de noix, purée étalée sur un transporteur ou en cuillère pré-remplie.

Format naturel : Pas avant 4 Ans

Orange

●●●● : Quartier (cru/cuit), suprême (cru/cuit), compote épaisse sur un transporteur ou en cuillère pré-remplie, pancakes, muffins, autres recettes.

●●●● : Petit morceau (cru/cuit).

●●●● : Compote en gourde, compote liquide en cuillère pré-remplie.

Panais

●●●● : Bâtonnet (cuit), grosse rondelle (cuite), purée épaisse sur un transporteur ou en cuillère pré-remplie, pancake, muffin, omelette, tartinade, autres recettes.

●●●● : Gros dé (cuit).

●●●● : Petit morceau (cuit).

●●●● : Purée en gourde, purée liquide en cuillères pré-remplie.

Pastèque

●●●● : Bâtonnet (cru), grosse tranche (crue), compote épaisse sur un transporteur ou en cuillère pré-remplie, pancake, muffins, tartinade, autres recettes.
●●●● : Gros dé (cru).
●●●● : Petit morceau (cru/cuit).
●●●● : Compote en gourde, compote liquide en cuillère pré-remplie.

Patate Douce

●●●● : Bâtonnet (cuit), grosse tranche (cuite), purée épaisse sur un transporteur ou en cuillère pré-remplie, pancake, galette, omelette, muffin, autres recettes.
●●●● : Gros dé (cuit).
●●●● : Petit morceau (cuit).
●●●● : Purée en gourde, purée liquide en cuillère pré-remplie.

Pâtes

●●●● : Entière (Macaronis, Fusilli, Pennes, ...).
●●●● : Coquillette, pâte coupée en petit morceau.

Pêche

●●●● : Coupée en 2 sans le noyau (crue/cuite), compote épaisse sur un transporteur ou en cuillère pré-remplie, pancake, muffin, autres recettes.
●●●● : Quartier (cru/cuit).
●●●● : Petit morceau (cru/cuit).
●●●● : Compote en gourde, compote liquide en cuillères pré-remplie.

Petits Pois

●○○○ : Galette (cuite), purée épaisse sur un transporteur ou en cuillère pré-remplie, pancake, muffin, omelette, tartinade, autres recettes.
●●●○ : Entier (cuit).
●●●● : Purée en gourde, purée liquide en cuillère pré-remplie.

Poire

●○○○ : Bâtonnet (cru/cuit), demi-poire (crue/cuite), compote épaisse sur un transporteur ou en cuillère pré-remplie, pancake, muffin, tartinade, autres recettes.
●●○○ : Gros dé (cru/cuit)
●●●○ : Petit morceau (cru/cuit)
●●●● : Compote en gourde, compote liquide en cuillère pré-remplie.

Poireau

●○○○ : Purée épaisse sur un transporteur ou en cuillère pré-remplie, pancake, muffin, omelette, autres recettes.
●●●○ : Râpé finement (cuit).
●●●● : Purée en gourde, purée liquide en cuillère pré-remplie.

Pois Chiche

●○○○ : Galette (cuite), purée épaisse sur un transporteur ou en cuillère pré-remplie, pancake, muffin, omelette, tartinade, autres recettes.
●●●○ : Entier (cuit).
●●●● : Purée en gourde, purée liquide en cuillère pré-remplie.

Poivron

●●●● : Lanière épaisse (cru/cuite), purée épaisse sur un transporteur ou en cuillère pré-remplie, pancake, muffin, omelette, tartinade, autres recettes.
●●●● : Gros dé (cuit).
●●●● : Petit morceau (cru/cuit).
●●●● : Purée en gourde, purée liquide en cuillère pré-remplie.

Pomelos

●●●● : Quartier (cru/cuit), suprême (cru/cuit), compote épaisse sur un transporteur ou en cuillère pré-remplie, pancake, muffin, autres recettes.
●●●● : Petit morceau (cru/cuit).
●●●● : Compote en gourde, compote liquide en cuillère pré-remplie.

Pomme

●●●● : Bâtonnet (cuit), grosse rondelle (cuite), compote épaisse sur un transporteur ou en cuillère pré-remplie, pancake, muffin, autres recettes.
●●●● : Gros dé (cuit), quartiers (cuits jusqu'à 4 ans)
●●●● : Petit morceau (cuit jusqu'à 4 ans), râpée (crue/cuite).
●●●● : Compote en gourde, compote liquide en cuillère pré-remplie.

Pomme De Terre

●●●● : Bâtonnet (cuit), grosse tranche (cuite), purée épaisse sur un transporteur ou en cuillère pré-remplie, pancake, galette, omelette, muffin, autres recettes.
●●●● : Gros dé (cuit).
●●●● : Petit morceau (cuit).
●●●● : Purée en gourde, purée liquide en cuillère pré-remplie.

Potiron

●●●● : Bâtonnet (cuit), purée épaisse sur un transporteur ou en cuillère pré-remplie, pancake, muffin, omelette, tartinade, autres recettes.
●●●● : Gros dé (cuit).
●●●● : Petit morceau (cuit).
●●●● : Purée en gourde, purée liquide en cuillère pré-remplie.

Prune

●●●● : Coupée en 2, compote épaisse sur un transporteur ou en cuillère pré-remplie, pancake, muffin, autres recettes.
●●●● : Coupée en 4 (crue/cuite).
●●●● : Petit morceau (cru/cuit).
●●●● : Compote en gourde, compote liquide en cuillère pré-remplie.

Quinoa

●●●● : Galette (cuite), purée épaisse sur un transporteur ou en cuillère pré-remplie, pancake, muffin, omelette, tartinade, autres recettes.
●●●● : Entier (cuit).

Radis

●●●● : Purée épaisse sur un transporteur ou en cuillère pré-remplie, tartinade.
●●●● : Râpé (crus), petit morceau (cuit).
●●●● : Purée en gourde, purée liquide en cuillères pré-remplie.
Format naturel cru (sauf râpé): Pas avant 4 Ans

Raisin

●●●● : Compote épaisse sur un transporteur ou en cuillère pré-remplie, pancake, muffin, autres recettes.
●●●● : Coupé en 4 (cru/cuit)
●●●● : Petit morceau (cru/cuit)
●●●● : Compote en gourde, compote liquide en cuillère pré-remplie

Riz

●●●● : Galette (cuite), risotto en cuillère pré-remplie, omelette, autres recettes.
●●●● : Entier (cuits).

Semoule

●●●● : Galette (cuite), semoule collante en cuillère pré-remplie, omelette, autres recettes.
●●●● : Entière (cuit).

Tomate

●●●● : Gros quartier (cru/cuit), rondelle (cru/cuit), purée épaisse sur un transporteur ou en cuillère pré-remplie, tartinade, pancake, omelette, muffin, autres recettes.
●●●● : Tomates cerise coupée en 2 ou 4 (crue/cuite), petit quartier (cru/cuit).
●●●● : Petit morceau (cru/cuit).
●●●● : Purée en gourde, purée liquide en cuillère pré-remplie.

Rondelles de pomme cuite

●●●●

Lanière épaisse d'omelette

●●●●

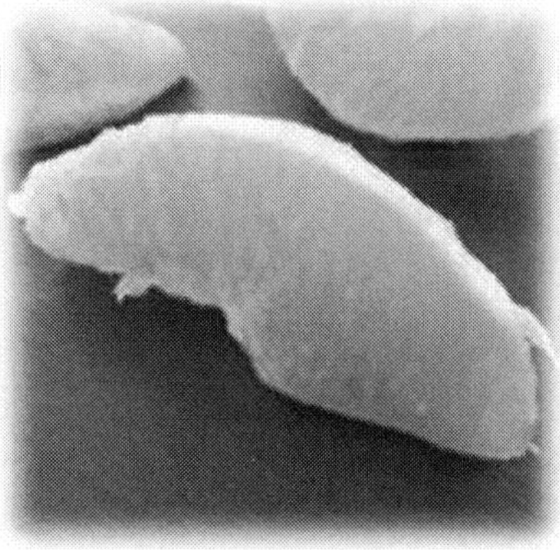

Quartiers d'orange

●●●●

Galette de riz

●●●●

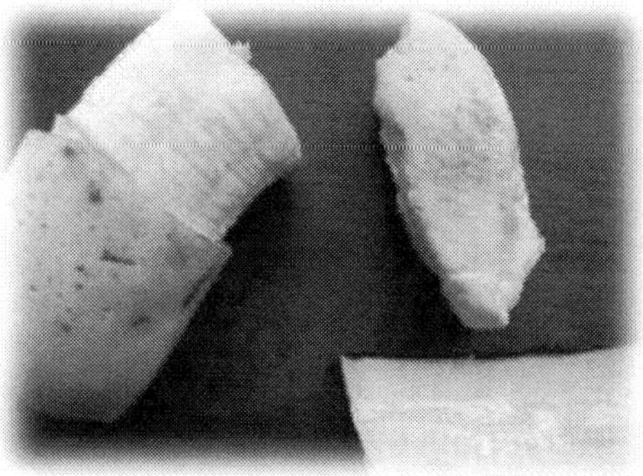

Lanière de poulet

●●●●

Banane avec poignée

●●●●

Tartinade sur un transporteur

●●●●

Demi kiwi

●●●●

Pancake

●●●●

Galette de lentilles

Bâtonnet de pastèque

Rondelle de tomate

Fusili

Bâtonnet de concombre (dans le cœur)

Pêche striée

●●●●

Tartinade en cuillère pré-remplie ou étalée sur un transporteur

●●●●

Grosses fraises entières

●●●●

Demi poire

●●●●

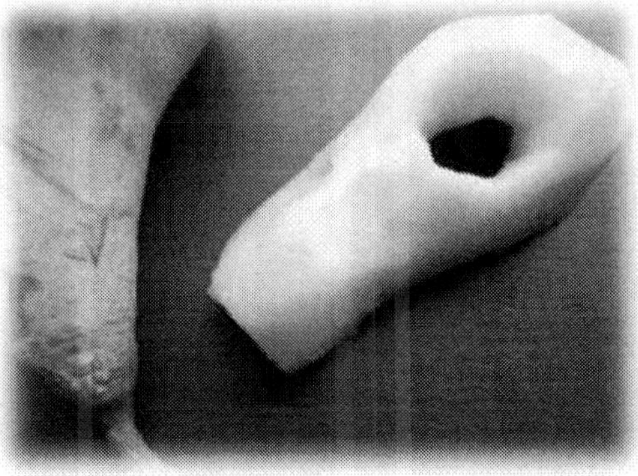

Demi œuf

●●●●

Bâtonnet de pomme de terre

●●●●

Crevette cuite

●●●●

Bâtonnet de fruit, roulé dans de la poudre de coco

●●●●

Demi poire striée

●●●●

Gros quartier de tomate

●●●●

Lanière de viande

●●●●

Galette de thon

●●●●

Muffin

●●●●

Branche de brocoli

●●●●

Quartier d'avocat

●●●●

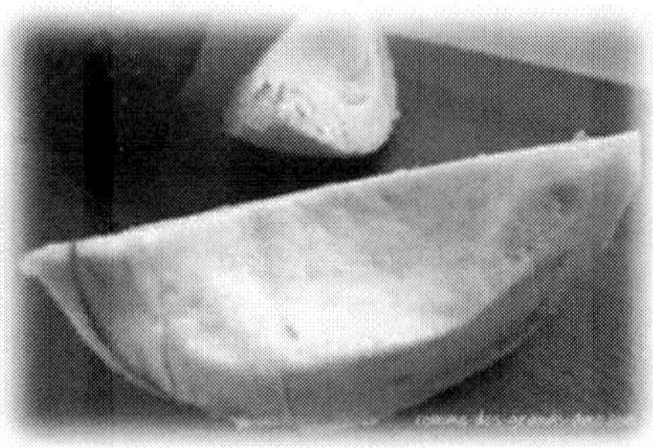

Quartier de clémentine

●●●●

Morceau de courgette

●●●●

Risotto en cuillère pré-remplie

●●●●

Rondelle de banane

●●●●

Petit morceau de fruit

●●●●

Lamelle fine de concombre

●●●●

Partie n°6

Recettes pour

Bébés en DME

« L'ensemble des recettes présentes dans cet ouvrage, ont été testées et approuvées par mes petites gourmandes.

Elles sont toutes adaptées aux bébés débutants, sous condition d'introduction des allergènes. Ces derniers sont d'ailleurs spécifiés dans l'encart « Allergènes ».

Les recettes contenant du beurre ainsi que des huiles allergisantes (noix, amandes, ...), ne peuvent pas être utilisées pour tester les allergènes (lait de vache, noix, amandes, ...).

Bon appétit ! »

Biscuits Moelleux Banane - Coco

Par Ici la Recette

INGRÉDIENTS

- 1 grosse banane bien mûre
- 50 de farine*
- 1 œuf*
- 10 gr de poudre de coco
- 20 ml d'huile d'olive
- 1 gr de levure chimique

ALLERGÈNES

- Blé
- Œuf

Écrasez la banane dans un saladier.

Mélangez-la avec l'œuf, la farine, la poudre de coco et la levure.

Ajoutez l'huile, puis mélangez à nouveau.

Préchauffez votre four à 150°C.

Disposez 1 cuillère à soupe du mélange sur une grille préalablement recouverte de papier de cuisson.

Laissez cuire 10 minutes, puis laissez refroidir.

Biscuits Moelleux Compote de Pomme

Par Ici la Recette

INGRÉDIENTS

- 220 gr de compote de Pomme (épaisse)
- 65gr de farine*
- 65 gr de Maïzena
- ½ cuillère à café de cannelle
- ½ cuillère à café de levure chimique

ALLERGÈNES

- Blé

Préchauffez votre four à 180°C.

Dans un saladier, mélangez la Compote, la farine, la Maïzena, la Cannelle et la Levure.

Recouvrez la plaque de votre four, avec du papier cuisson.

Répartissez-y une cuillère à soupe de pâte par biscuit.

Enfournez à 180°C, pendant 15-20 minutes.

A déguster tiède ou froid.

Boules d'Énergie Avoine et Banane

Par Ici la Recette

INGRÉDIENTS

- 100 gr d'avoine
- 1 grosse banane bien mûre

ALLERGÈNES

- Absence d'allergène prioritaire

Dans une assiette, écrasez la banane à la fourchette.

Ajoutez l'avoine.

Mélangez bien l'ensemble afin d'obtenir une texture homogène.

Formez des boules de la taille d'une balle de Ping-pong.

Dégustez !

Cakes Amandes, Banane et Pommes

Par Ici la Recette

INGRÉDIENTS

- 100 gr de farine*
- 100 gr de fécule de Maïs
- 50 gr de poudre d'amande*
- 5 gr de bicarbonate alimentaire
- 1 banane écrasée
- 25 cl de lait*
- 1 œuf*
- 1 cuillère à café de cannelle
- 2 Grosses Pommes

ALLERGÈNES

- Blé, Amande, Lait de Vache, Œuf

Préchauffez votre four à 180°.

Dans un Saladier, mélangez tous les ingrédients (sauf le lait et les pommes).

Ajoutez ensuite le lait et mélangez à nouveau, jusqu'à obtenir une pâte.

Coupez les pommes en petits dés et mixez-les grossièrement, jusqu'à obtenir de petits morceaux de pommes.

Ajoutez les pommes à la pâte et mélangez à nouveau.

Répartissez la pâte dans des petits moules à cakes.

Enfournez pendant environ 25 minutes.

Flans de Betteraves

Par Ici la Recette

INGRÉDIENTS

- 130 gr de betteraves (cuites)
- 3 œufs*
- 20 gr de fromage râpé*
- 20 cl de crème fraîche liquide semi-épaisse*
- 1 cuillère à café d'échalote
- ½ cuillère à café d'Ail

ALLERGÈNES

- Lait de vache
- Œuf

Préchauffez votre four à 180°.

Hachez finement les betteraves.

Dans un saladier, mélangez l'ensemble des ingrédients.

Mettre la préparation dans des moules à cakes.

Cuire au four pendant 25 minutes.

A déguster froids ou tièdes.

Galettes Lentilles et Carottes

Par Ici la Recette

INGRÉDIENTS

- 120 gr de lentilles (ici vertes)
- 2 petites carottes ou 1 grande
- 1 oignon
- 1 cuillère à soupe de Maïzena
- 60 gr de farine*
- 1 cuillère à soupe d'huile végétale (ici Olive)

ALLERGÈNES

- Blé

Faire tremper les lentilles durant 12 heures, puis les cuire.

Mixez l'oignon et les carottes.

Écrasez grossièrement les Lentilles à la fourchette.

Mélangez la pâte de lentilles avec le mélange de carottes et oignon.

Ajoutez la Maïzena et la farine à la préparation et mélangez jusqu'à obtenir une pâte.

Huilez une poêle et y déposer une cuillère à soupe de préparation par galettes.

Cuire des deux côtés.

Gâteau au Citron

Par Ici la Recette

INGRÉDIENTS

- 125 gr de compote de pommes (épaisse)
- 60 gr de beurre*
- 60 gr de farine*
- 60 gr de Maïzena
- 4 gr de levure chimique
- 3 œufs*
- Jus d'½ citron

ALLERGÈNES

- Lait de Vache
- Blé
- Œuf

Faire fondre le beurre.

Mélangez dans un saladier l'ensemble des aliments, jusqu'à obtenir une pâte.

Laissez reposer la pâte pendant 2 heures au frigo.

Préchauffez votre four à 180°C.

Remplissez des moules de types Cakes ou Muffins.

Enfournez environ 15 minutes.

Gâteaux Compote de Pommes et Amandes

Par Ici la Recette

INGRÉDIENTS

- 100 gr de farine*
- 100 gr de compote
- 50 gr de beurre*
- 40 gr de poudre d'amande*
- 4 gr de levure chimique

ALLERGÈNES

- Blé
- Lait de Vache
- Amande

Faire fondre le Beurre.

Ajoutez le reste des ingrédients et mélangez jusqu'à obtenir une pâte.

Mettre la pâte 2 heures au frigo.

Préchauffez le four à 180°C.

Répartissez votre pâte dans des moules de petits formats.

Enfournez la préparation pendant environ 15 minutes.

Avant de démouler, laissez refroidir.

Gâteaux de Semoule et Courgettes

Par Ici la Recette

INGRÉDIENTS

- 200 gr semoule*
- 2 courgettes moyennes
- 1 petit oignon
- 1 cuillère à café d'épices (au choix)
- 1 œuf*
- 1 cuillère à soupe d'huile (au choix)

ALLERGÈNES

- Blé
- Œuf

Préchauffez votre four à 180°C.

Râpez vos courgettes et hachez finement l'oignon.

Faites revenir les légumes dans une poêle avec l'huile et les épices.

Faites gonfler la semoule dans l'eau bouillante.

Mélangez la semoule égrainée, les légumes ainsi que l'œuf.

Répartir la préparation dans des moules et bien tasser.

Enfournez pendant 20 minutes.

Laisser refroidir pour bébé.

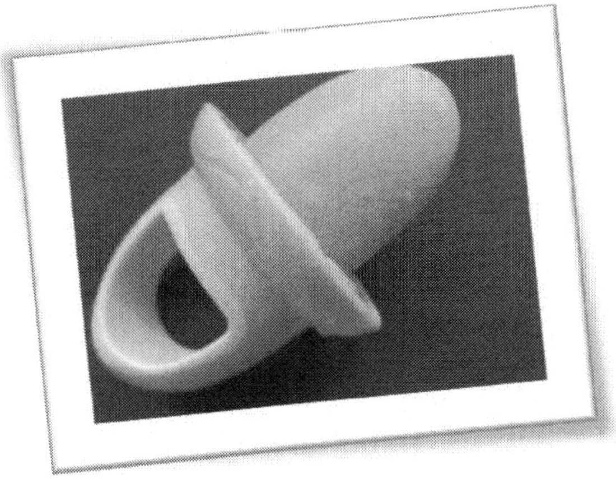

Glaces Coco et Fraises

Par Ici la Recette

INGRÉDIENTS

- 60 gr de compote de fraises (épaisse)
- 60 ml de lait de coco

ALLERGÈNES

- Absence d'allergène prioritaire

Mélangez la compote de fraises avec le lait de coco.

Répartir le mélange dans des moules à glaces.

Mettre au congélateur pendant 4 heures.

Dégustez !

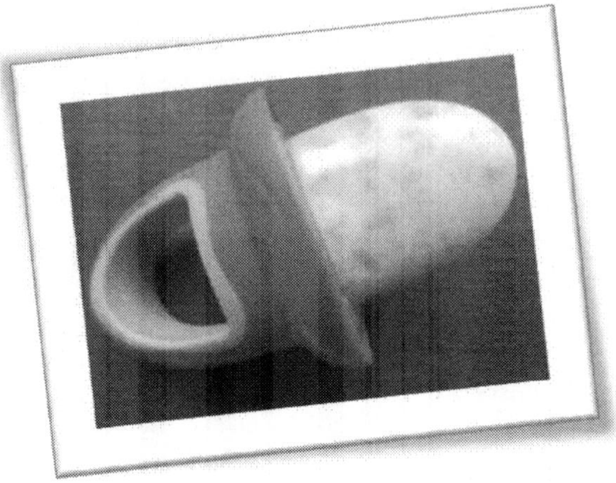

Glaces Pastèque et Yaourt Vanille

Par Ici la Recette

INGRÉDIENTS

- 75 gr de pastèque
- 3 cuillères à café de yaourt* vanille (ou autre parfum, au choix)

ALLERGÈNES

- Lait de Vache

Coupez la pastèque en dés et retirez les pépins.

Écrasez la pastèque à la fourchette.

Ajoutez le yaourt à la pastèque et bien mélanger.

Répartir la préparation dans des moules à glaces.

Mettre au congélateur environ 4 heures.

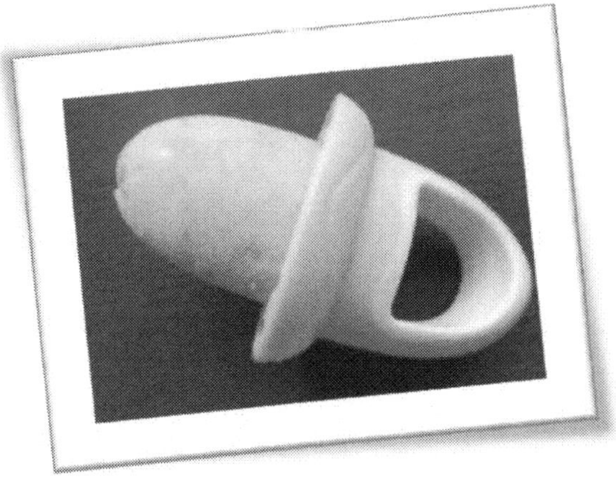

Glaces Pêche, Abricot et Beurre de Cacahuètes

Par Ici la Recette

INGRÉDIENTS

- 1 pêche
- 2 abricots
- 1 cuillère à soupe de beurre de cacahuètes*

ALLERGÈNES

- Cacahuètes

Écrasez les fruits à la fourchette.

Ajoutez ensuite le beurre de cacahuète et mélangez.

Répartir le mélange dans des moules à glaces.

Mettre au congélateur pendant environ 4 heures.

Houmous de Betteraves

Par Ici la Recette

INGRÉDIENTS

- 130 gr de betteraves
- 100 gr de pois chiches
- 100 gr de mascarpone*
- 1 cuillère à soupe de citron
- 1 cuillère à café d'Ail
- 1 cuillère à café de cumin
- 1 cuillère à café d'huile d'Olive

ALLERGÈNES

- Lait de Vache

Faire tremper les pois chiches dans de l'eau, et ce durant 12 heures, avec une pincée de bicarbonate alimentaire.

Cuire les pois chiches pendant 1h15, dans 5 volumes d'eau.

Mixer l'ensemble des ingrédients, jusqu'à obtenir une texture lisse.

Servir frais sur un transporteur ou en cuillères pré-remplies.

Mini Cakes au Poireau

Par Ici la Recette

INGRÉDIENTS

- 1 blanc de poireau
- 50 gr de farine*
- 2 œufs*
- ½ sachet de Levure chimique
- 2 cuillères à soupe de lait*
- 1 cuillère à café de ciboulette
- ½ cuillère à café de persil

ALLERGÈNES

- Blé, Œuf, Lait de Vache

Préchauffez votre four à 180°C.

Lavez et émincez finement le blanc de poireau.

Faites-le chauffer dans une poêle avec un fond d'eau.

Bien mélanger pendant la cuisson.

Dans un saladier, battez les œufs avec le lait.

Ajoutez ensuite la Farine et la Levure et mélangez.

Ajoutez le poireau, ainsi que le persil et la ciboulette.

Versez la préparation dans des minis moules et enfournez 15 à 20 minutes.

Muffins Épinards et Mozzarella

Par Ici la Recette

INGRÉDIENTS

- 250 gr d'épinards frais
- 200 gr de mozzarella*
- 200 gr de farine*
- 100 gr de flocons d'avoine
- 2 œufs*
- 25 cl de lait*
- 60gr de beurre fondu*
- ½ sachet de levure chimique
- Huile

ALLERGÈNES

- Lait de Vache, Blé, Œuf

Préchauffez votre four à 200°C.

Hachez finement les épinards et faites les cuire dans une poêle avec un filet d'huile.

Coupez finement la mozzarella.

Dans un saladier, mélangez la farine, les flocons d'Avoine et la Levure. Dans un autre saladier, mélangez les œufs, le lait et le beurre fondu.

Versez progressivement le mélange liquide dans le mélange sec et bien mélangez.

Intégrez ensuite la mozzarella et les épinards puis mélangez. Mettre la préparation dans des moules et enfourner 20 minutes.

Muffins Pesto Rosso

Par Ici la Recette

INGRÉDIENTS

- 125 gr de yaourt végétal au soja*
- 50 gr de farine*
- 50 gr de Maïzena
- 3 cuillère à soupe de pesto rosso*
- 1 œuf*
- 1 cuillère à soupe d'huile
- ½ sachet e Levure chimique

ALLERGÈNES

- Soja, Blé
- Noix de cajou, Œuf

Préchauffez votre four à 180°C.

Dans un saladier, mettre la farine, la Maïzena et la levure.

Formez un puit et mettez-y le reste des ingrédients.

Mélangez le tout, jusqu'à obtenir une pâte onctueuse.

Répartissez la pâte dans des moules à Muffins.

Enfournez pour 25 minutes.

Muffins Pomme de Terre et Herbes de Provence

Par Ici la Recette

INGRÉDIENTS

- 480 gr de pommes de terre
- 1 cuillère à soupe d'herbes de Provence
- 1 cuillère à soupe d'huile d'olive

ALLERGÈNES

- Absence d'allergènes

Préchauffez votre four à 200°C.

Lavez et pelez les pommes de terre.

Râpez les Pommes de Terre.

Mettez-les dans des moules types Muffins.

Mettez au four environ 25 minutes.

Avant de servir à votre bébé, retirez les zones sèches.

Nuggets de Poulet

Par Ici la Recette

INGRÉDIENTS

- 200 gr d'escalopes de poulet
- 60 gr de flocons d'avoine
- 1 œuf*
- 1 cuillère à soupe de fromage frais*
- 1 cuillère à soupe d'huile
- 1 cuillère à café de paprika

ALLERGÈNES

- Œuf
- Lait de Vache

Mixez les flocons d'avoine, afin de les réduire en poudre.

Disposez-les dans un premier bol.

Mixez la viande avec le fromage frais et le paprika.

Bien mélanger la préparation.

Disposez l'œuf battu dans un 2ème bol.

Prenez un peu du mélange de viande et formez un nuggets. Trempez-le dans l'œuf, puis dans la poudre d'avoine. Répétez l'opération pour chaque Nuggets.

Disposez-les ensuite dans une poêle préalablement huilée et cuire à feu doux.

Œufs Cocotte Épinards Et Thon

Par Ici la Recette

INGRÉDIENTS

- 1 œuf* par cocotte
- 200 gr d'épinards
- 140 gr de thon*
- 1 cuillère à soupe d'huile
- Facultatif : Fromage râpé.*

ALLERGÈNES

- Œuf
- Thon
- Lait de Vache

Préchauffez votre four à 180°C.

Hachez très finement les épinards.

Disposez un œuf battu dans chaque cocotte.

Faites revenir dans l'huile les épinards, le thon et l'échalote dans une poêle.

Répartir la préparation dans les moules.

Facultatif : Ajoutez le fromage râpé.

Enfournez pendant environ 15 minutes.

Pain de Thon et Aubergine

Par Ici la Recette

INGRÉDIENTS

- 140 gr de thon*
- 130 gr de farine*
- 70 gr de coulis de tomate (optionnel)
- 30 gr de fromage râpé (optionnel)*
- 20 cl de crème fraîche liquide*
- 1 aubergine
- 3 œufs*
- 2 cuillères à soupe d'huile d'Olive

ALLERGÈNES

- Thon, Blé, Lait de Vache, Œufs

Préchauffez votre four à 180°C.

Lavez et coupez l'aubergine en cubes.

Hachez-la finement avec l'huile d'Olive.

Dans un saladier, mélangez : les œufs, la farine, la crème fraiche, le concentré de tomate et la levure.

Émiettez le thon et ajoutez-le au mélange.

Ajoutez également l'aubergine, ainsi que le fromage.

Répartir la préparation dans un moule à cake et enfournez 45 minutes.

Pain de Viande

Par Ici la Recette

INGRÉDIENTS

- 350 gr de viande hachée
- 1 oignon
- 20 gr de poudre d'avoine
- 3 cuillères à soupe de sauce tomate ou Ketchup Maison
- 1 œuf*
- 1 cuillère à café d'échalote
- 1 cuillère à café d'ail
- Huile

ALLERGÈNES

- Œuf

Préchauffez votre four à 175°C.

Hachez finement l'oignon.

Ajoutez le reste des ingrédients et hachez finement le tout, afin d'obtenir un mélange onctueux.

Disposez le mélange dans un plat à cake.

Mettez au four pour 40 minutes environ.

Pancakes Avoine, Orange et Pomme

Par Ici la Recette

INGRÉDIENTS

- 1 Pomme
- 1 Orange
- 2 Œufs*
- 35 gr de Flocons d'Avoine
- 1 cuillère à soupe d'Huile d'Olive

ALLERGÈNE

- Œuf

Pelez la Pomme et l'Orange.

Coupez les 2 fruits en petits morceaux.

Passez-les au mixeur, afin de les réduire en purée grossière.

Mélangez l'œuf dans un bol avec le mélange de fruits.

Ajoutez les flocons d'Avoine et mélangez de nouveau.

Huilez une poêle.

Déposez une cuillère à soupe du mélange dans la poêle et laisser cuire.

Retourner les Pancakes à mi-cuisson et cuire l'autre côté.

Pancakes Poivron et Tomate

Par Ici la Recette

INGRÉDIENTS

- ½ poivron vert
- 50 gr de farine*
- 1 tomate
- 1 œuf*
- 1 cuillère à café de basilic
- 1 cuillère à café d'huile d'olive

ALLERGÈNES

- Blé
- Œuf

Coupez le demi-poivron et la tomate en gros morceaux.

Mixez les morceaux afin qu'ils soient coupés fins.

Ajoutez au mélange d'ail, le basilic, l'œuf et la farine.

Mixez à nouveau, afin d'obtenir une pâte semi liquide.

Chauffez une poêle avec l'huile.

Une fois chaude, y déposer une cuillère à soupe de pâte par pancakes.

Retournez à mi-cuisson.

Pancakes Pomme de Terre

Par Ici la Recette

INGRÉDIENTS

- 900 gr de pomme de terre
- 3 œufs*
- 100 gr de farine*
- 70 gr d'emmental râpé
- 10 cl de crème liquide* (semi-épaisse)
- Huile d'Olive
- 1 cuillère à soupe de Paprika

ALLERGÈNES

- Œufs
- Blé
- Lait de vache

Épluchez, lavez et coupez les pommes de terre en gros dés.

Faites les cuire et réduisez-les en purée lisse.

Ajoutez les jaunes d'œufs et mélangez. Réservez les blancs dans un saladier et montez-les en neige avec une pincée de sel.

Ajoutez à la préparation : la farine, la crème fraîche, l'emmental râpé et 2 cuillères à soupe de blanc en neige.

Mélangez et incorporez ensuite le reste des blancs à la spatule, jusqu'à obtenir une texture souple.

Dans une poêle huilée, faites cuire une cuillère à soupe du mélange par pancake.

Petits Pains Aux Épices

Par Ici la Recette

INGRÉDIENTS

- 225 gr de farine*
- 50 gr de fromage râpé*
- 25 gr de beurre*
- 11 cl de lait*
- 1 œuf
- 1 cuillère à café de levure chimique
- 1 cuillère à soupe de ciboulette
- 1 cuillère à café de curry*
- Huile

ALLERGÈNES

- Blé et Lait de vache, Curry

Mélangez l'ensemble des ingrédients (sauf l'huile).

Filmez la pâte et laisser poser 30 minutes au frigo.

Préchauffez votre four à 180°C.

Formez des petites boules avec la pâte, de la taille de balles de Ping-pong. Disposez-les sur une plaque de cuisson et badigeonnez-les avec l'huile.

Mettez au four pour 15 minutes.

Pour les présenter de façon sécuritaire à votre bébé, coupez-les en 2 et repassez-les quelques minutes au four (ou grille pain), afin de griller la mie.

Petits Moelleux à la Compote de Poire

Par Ici la Recette

INGRÉDIENTS

- 300 gr de compote épaisse de poire (sans sucre)
- 125 gr de farine*
- 60 gr de beurre*
- 5 gr de levure de chimique
- ½ cuillère à café de cannelle.

ALLERGÈNES

- Blé, Lait de vache

Préchauffez votre four à 150°C.

Faites fondre le beurre.

Dans un saladier, mélangez le beurre, la compote de poire, la farine, la cannelle et la levure.

Mélangez jusqu'à obtenir une texture aérée et versez-là dans des moules à muffins.

Mettre au four, pendant environ 25 à 30 minutes.

Tartinade de Chou Rouge et Concombre

Par Ici la Recette

INGRÉDIENTS

- ½ concombre
- 150 gr de chou rouge
- 40 gr de fromage frais*
- 10 cl de crème fraîche semi épaisse*
- 1 cuillère à café d'échalote

ALLERGÈNES

- Lait de vache

Pelez le concombre et coupez-le en cubes.

Coupez le chou en morceaux.

Mixez finement le concombre et le chou.

Ajoutez au mélange : la crème fraîche, le fromage frais et les échalotes.

Mixez à nouveau.

A déguster frais.

Tartinade de Céleri

Par Ici la Recette

INGRÉDIENTS

- ½ céleri*
- 1 cuillère à soupe d'huile d'olive
- 1 cuillère à café d'échalote
- 10 cl de crème fraîche semi épaisse*

ALLERGÈNES

- Lait de vache
- Céleri

Coupez le céleri en deux.

Épluchez-le et coupez-le en morceaux

Cuire 20 minutes les morceaux, dans de l'eau bouillante.

Mixez les morceaux.

Ajoutez l'ensemble des ingrédients et repassez la préparation au mixeur, jusqu'à obtenir une tartinade fluide épaisse.

A servir tiède ou froide, en cuillères pré-remplies ou tartinée sur un transporteur.

Bibliographie

Ouvrages

Gill RAPLEY, Tracey Murkett, 2008. Baby-Led Weaning : Helping your Baby to Love Good Food, Random House

Carlos Gonzalez, 2010. Mon enfant ne mange pas. Comment prévenir et résoudre le problème. La Leche League

Annie Talbot, Evelyne Bergevin, Marie-Ève Richard, 2016. Petites Mains, Grande Assiette : La diversification alimentaire menée par l'enfant, Edition Lasemaine.

Sites Internet

- www.allergies-alimentaires.org
- www.naîtreetgrandir.com
- www.nospetitsmangeurs.org
- www.who.int/fr
- www.santepubliquefrance.fr
- www.has-sante.fr
- www.mangerbouger.fr

Articles

AFPRAL, « Liste des 14 Allergènes Alimentaires Majeurs », dans Association Française pour la Prévention des Allergies, [En Ligne], https://allergies.afpral.fr/allergie/en-savoir-plus-sur-les-allergies/alimentaires/89-liste-des-14-allergenes-alimentaires-majeurs (Page consultée le 7 Août 2019)

A.BROWN, « Aucune différence dans la fréquence autodéclarée entre les nourrissons introduits dans des aliments solides en utilisant un sevrage dirigé par un bébé ou une approche traditionnelle d'alimentation à la cuillère », dans Journal de nutrition humaine et diététique/Volume 31, numéro 4 [En Ligne], https://onlinelibrary.wiley.com/doi/full/10.1111/jhn.12528?fbclid=IwAR1swtz3vuf10gp9N5M-JcfBmDNAnQiEg1WvliY15EH9KR7PdQ_29H-VIw0& (Page consultée le 12/08/2019)

Stéphanie COTE, « L'Eau », dans *Naître et Grandir*, [En Ligne], https://naitreetgrandir.com/fr/etape/0_12_mois/alimentation/fiche.aspx?doc=naitre-grandir-bebe-eau-soif (Page consultée le 2 Août 2019)

Stéphanie COTE, « L'introduction aux aliments complémentaires », dans *Naître et Grandir*, [En Ligne], https://naitreetgrandir.com/fr/etape/0_12_mois/alimentation/fiche.aspx?doc=naitre-grandir-bebe-introduction-aliment-solide-complementaire#_Toc268528416 (Page consultée le 7 Août 2019)

Kathleen COUILLARD, « Céréales dans le biberon : pas une bonne idée », dans *Naître et Grandir*, [En Ligne], https://naitreetgrandir.com/blogue/2015/11/18/cereales-biberon-pas-bonne-idee/ (Page consultée le 24 Juillet 2019)

Isabelle GRAULICH, « La Diversification Alimentaire chez l'Enfant Allaité », dans *Clinique St Pierre Ottignies, [En Ligne],* www.cspo.be/sites/default/files/DDI/Documents/03_La%20Diversification%20Alimentaire%20%20chez%20l%E2%80%99Enfant%20Allait%C3%A9.pdf (Page consultée le 25 Juillet 2019)

MINISTERE DES SOLIDARITES ET DE LA SANTE, « La Petite Enfance (De la naissance à 3 ans) », dans *Ministère des Solidarités et de la Santé*, [En Ligne], https://solidarites-sante.gouv.fr/IMG/pdf/nais_3ans.pdf (Page consultée le 25 le 2 Août 2019)

Jack NEWMAN, « Commencer la diversification alimentaire », dans *La Leche League France*, [En Ligne], https://www.lllfrance.org/1982-commencer-la-diversification-alimentaire (Page consultée le 2 Août 2019)

OMS, « Botulisme », dans *Organisation Mondiale de la Santé*, [En Ligne], https://www.who.int/fr/news-room/fact-sheets/detail/botulism (Page consultée le 11 Août 2019)

OMS, « Alimentation du nourrisson et du jeune enfant », dans *Organisation Mondiale de la Santé*, [En Ligne], https://www.who.int/fr/news-room/fact-sheets/detail/infant-and-young-child-feeding (Page consultée le 2 Août 2019)

OMS, « Pourquoi ne faut-il pas donner d'eau à un nourrisson de moins de 6 mois allaité au sein, même s'il fait chaud ? », dans *Organisation Mondiale de la Santé, [En Ligne],* https://www.who.int/features/qa/breastfeeding/fr/ (Page consultée le 6 Août 2019)

Paola PEREZ et Marie COURDENT, « AA84 : Diversification Alimentaire », dans *La Leche League France*, [En Ligne], https://www.lllfrance.org/1589-aa-84-diversification-alimentaire (Page consultée le 21 Juillet 2019)

PNNS, « Qu'est-ce que la Diversification », dans *Manger Bouger Programme National Nutrition Santé*, [En Ligne], https://www.mangerbouger.fr/Manger-Mieux/Manger-mieux-a-tout-age/Enfants/De-6-mois-a-3-ans/Qu-est-ce-que-la-diversification (Page consultée le 2 Août 2019)

Gill RAPLEY, « How early is too early to start introducing solid foods?», dans *Rapley Weaning*, [En Ligne], http://www.rapleyweaning.com/assets/How_early_is_too_early.pdf (Page consultée le 7 Août 2019)

Gill RAPLEY, « Sitting upright – what does it mean? », dans *Rapley Weaning*, [En Ligne], http://www.rapleyweaning.com/assets/How_early_is_too_early.pdf (Page consultée le 7 Août 2019)

Gill RAPLEY, « My baby isn't a good eater», dans *Rapley Weaning*, [En Ligne], http://www.rapleyweaning.com/assets/My_baby_isn't_a_good_eater.pdf (Page consultée le 7 Août 2019)

SANTE CANADA, « La caféine dans les aliments », dans *Gouvernement du Canada*, [En Ligne], https://www.canada.ca/en/health-canada/services/food-nutrition/food-safety/food-additives/caffeine-foods/foods.html?fbclid=IwAR3QvnczGvzL-39NGXmeweTEVWD03uBd6b9n_D4GT5TC841zTtK7XmKI1eg (Page consultée le 6 Août 2019)

SANTE CANADA, « La nutrition du nourrisson né à terme et en santé : Recommandations pour l'enfant âgé de 6 à 24 mois », dans *Gouvernement du Canada*, [En Ligne], https://www.canada.ca/fr/sante-canada/services/guide-alimentaire-canadien/ressources/nutrition-nourrisson/nutrition-nourrisson-terme-sante-recommandations-naissance-six-mois/6-24-mois.html#a7 (Page consultée le 2 Août 2019)

SOCIETE FRANCAISE DE PEDIATRIE « Diversification alimentaire : évolution des concepts et recommandations », dans *ScienceDirect*, [En Ligne], http://www.sfpediatrie.com/sites/default/files/recommandations/cnsfp-editorial-diversification-alimentaire-archpediatr-2015-2.pdf (Page consultée le 2 Août 2019)

« Manger et bouger entre 12 et 36 mois », dans Sante.lu, [En Ligne], http://sante.public.lu/fr/publications/m/manger-bouger-12-36-mois-fr-de/manger-bouger-12-36-mois-fr.pdf (Page consultée le 3 Août 2019)

« Rourke Baby Record », [En Ligne], www.rourkebabyrecord.ca (Page consultée le 2 Août 2019)

« Une approche dirigée par bébé pour manger des solides et risquer de s'étouffer », dans *AAP News & Journals Gateway*, [En Ligne], https://pediatrics.aappublications.org/content/138/4/e20160772 (Page consultée le 23 Juillet 2019)

Remerciements

Un Grand Merci, à toutes les personnes ayant cru de près ou de loin en ce projet :

- A mes enfants, qui ont été les premiers acteurs de cette belle aventure.
- A mon mari, sans qui ce projet n'aurait jamais vu le jour.
- A ma famille, qui m'a accompagné et soutenue dans toutes les étapes de ce projet professionnel.
- A tous les correcteurs qui ont pris du temps pour relire cet ouvrage : Thierry, Faustine, Jessica, Aurélie, Joris, Caroline et Mado.
- A l'équipe CPEV, pour son écoute et son soutien sans faille.
- A ma sage-femme, qui m'a fait découvrir cette chouette méthode.
- A Adèle, Alexis, Béatrice, Cléa, Eliott, Juliette, Léa, Léaonard, Lisa, Lisandro, Lise, Maélie, Marceau, Margot, Marylou, Nolan, Owen, Paul, Pauline, Rose et Tessa pour être venus illustrer à merveille cet ouvrage.
- A tous les parents et professionnels qui participent à mes ateliers DME.
- A vous tous, qui lirez cet ouvrage !

Printed by Amazon Italia Logistica S.r.l.
Torrazza Piemonte (TO), Italy

18665955R00098